魔術師列伝

魔術師G・デッラ・ポルタから
錬金術師ニュートンまで

澤井繁男

平凡社

はじめに

本書の前半で言及する「魔術師」とは、二〇世紀の後半まで知られていなかった、と言うより日本でのイタリア文化研究の遅れを象徴している、あるいはガリレイ以降の近代科学の研究を（それも原典のイタリア語でなく英語訳で）してきた研究者のせいで、それ以前の「自然魔術（師）」の自然観をないがしろにしてきた悪しき風潮に対抗する一書である。

これまでガリレイに研究の発端を見出してきたひとたちは、自然魔術師カンパネッラの『ガリレオの弁明（擁護）』（一六一六年）の存在を知らないか、知っていても一顧だにしなかった。ガリレイとカンパネッラは同時期のイタリア人であり、交流があった。時代的には一五五〇–一六四〇年の「価値観（パラダイム）の転換期」に相当するきわめて留意に値する時期である。自然魔術師は、北イタリアのカルダーノを例外として、ほとんどが南イタリア出身のひとたちだった。

テレジオ、デッラ・ポルタ、ブルーノ、カンパネッラなどである。みな、あるがままに自然をみつめたが、自然を生きているとみる有機的自然観（アニミズム）の立場に立ったので、一神教のキリスト教からは異端の烙印を押された。具体的には自然の裡（奥底）に、霊魂（命）を求めて、自然を「質」で把握しようとした。

自然を数学的見地から「量」で捉えたガリレイとは趣を異とした。彼の友人カンパネッラは、質と量の自然観の端境期を生きて進退窮まり、苦悶したが、新旧の時代に両足をかけながらも、やはり旧代に身を置いてしか思考できずに生涯を終えた。

目次をご覧になればおわかりのように、記述は自然魔術師に向けて収斂するように組んである。アラブ民族の活躍、キリスト教や知の歴史、ヘレニズムとヘブライズム双方の文化的相違などに言い及びながら、自然魔術師に登場してもらう。

簡単にまとめると、中世来の「質的自然観」からすぐに近代の「量的自然観」に至るのではなく、その間に「自然魔術師」たちの依拠した「自然魔術」の時代が、ほぼルネサンスの末期（近世）まで続いたということである。

後半の「錬金術師（列伝）」は、前半部の自然魔術師とは異なる。ともに「術師」とあるから同様だとお先走って思い込まないでほしい。両者共有する理念は持てども、似て非なるものである。錬金術の対象は土中の鉱物であり、自然界すべてではない。鉱物の裡に霊魂の存在を認め、それを救済し、その後人間を救うという具合だ。キリスト教では人間の霊魂を救うのが第一義的だから、錬金術は異端視される。

錬金術の歴史は古代エジプト・バビロニアの冶金術に始まり、最終的には西方ラテン世界でのパラケルススの出現で、近代内科学の発端となる「医化学派」の誕生をみる。本書ではそれまでの歴史や意義を、知的時代背景とともに考えてみたい。

なお、取り挙げる人物たちの思想や事例など文脈上重なる場合もあるので、説明・解説が二度、三度に及ぶこともある点もご理解下さい。

魔術師列伝　魔術師G・デッラ・ポルタから錬金術師ニュートンまで——目次

錬金術師列伝

魔術師列伝

ヨーロッパにたいするアラビア人たちの影響

1

六一〇年にムハンマド（マホメット）によって築かれたイスラーム帝国は、軍事力に秀で、北アフリカからさらに北へと進軍してイベリア半島の都市を次々と攻略してサラセン領にしていく（七一二年トレド陥落、七一三年セヴィリア陥落など）。いつの間にかイベリア半島を制覇し、ついにピレネー山脈を越えて、フランク王国領に侵攻してくる。そしてとうとう、七三二年には西フランスのトゥール・ポアティエで戦闘が起こる（ともに都市名。トゥールはアンドル・エ・ロワール県の県庁所在地。ルネサンス文化の中心地。作家バルザックの生地。ポアティエは隣接のヴィエンヌ県の県庁所在地。一五世紀に創設された大学ではフランソワ・ラブレーも学び、二〇世紀の代表的思想家ミシェル・フーコーの生地でもある）。

二つの都市や、あるいは都市間がおそらく戦場となったに違いない、大規模な戦闘だったと思われる。アラブ勢を破ったのは、フランク王国・メロヴィング朝の宮宰であったカール・マルテルだった。それはよかったが、イベリア半島がイスラームの下に置かれて、西欧のひとたちに、半島奪回（再征服・レコンキスタ）の意識が芽生える。それが完結するには、なんと一四九二年のグラナダ陥落まで、長い歳月を要した。しかし、キリスト教側もこの間、指をくわえていたのでなく、一一世紀から一三世紀（一〇八五－一二四八年）にかけて、イスラームを主要都市（トレド、セヴィリア、コルドバなど）から放逐して、彼らを南方に追いやっている。ウマイア朝（六六一－七五〇年）、アッバース朝（七五〇－一二五八年）、後ウマイア朝（イベリア半島に起こったウマイア朝の後継、七五六－一〇三一年）とイスラーム文化の華を咲かせた王朝が続くが、後ウマイア朝が滅んで（一〇三一年）

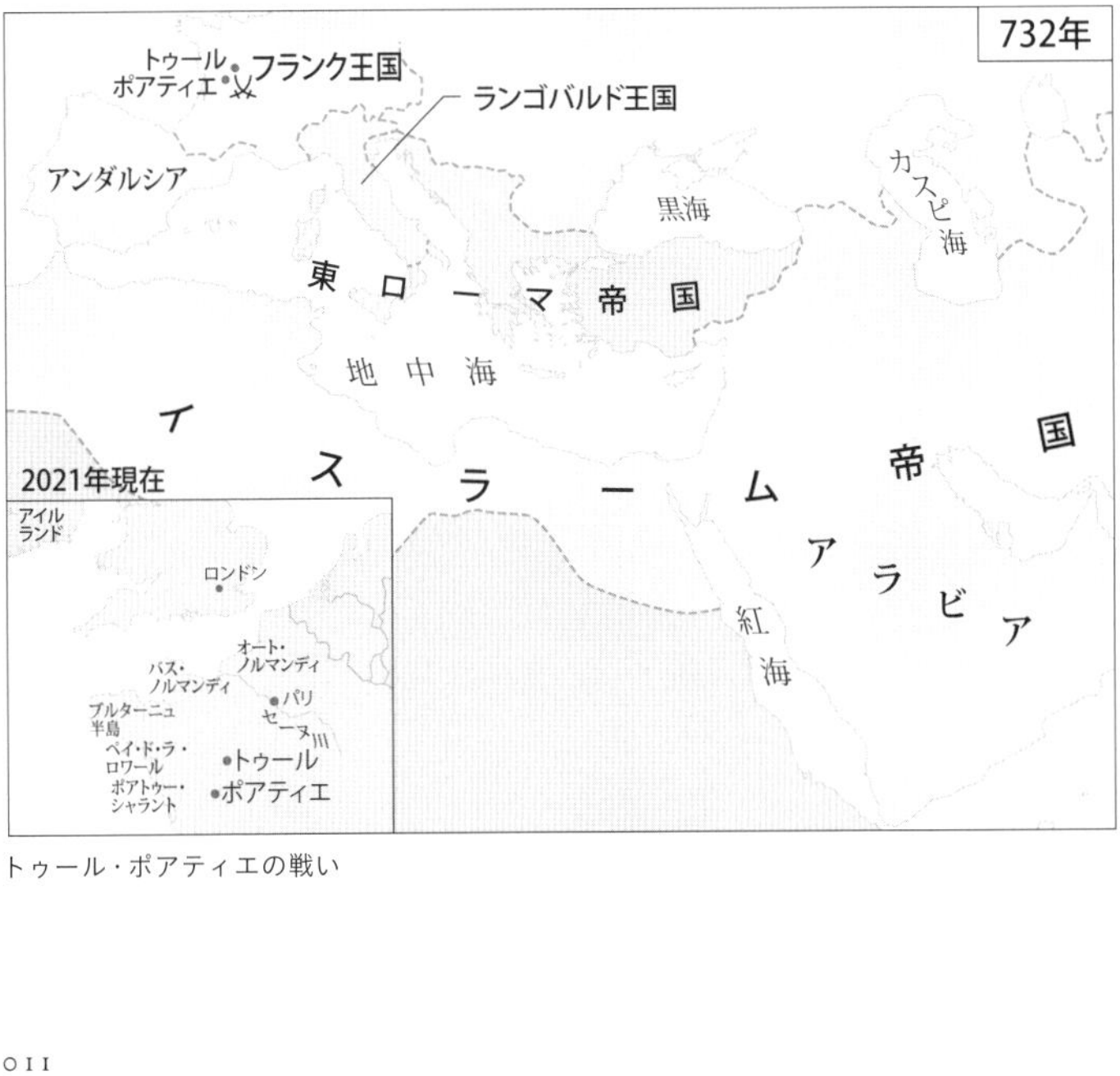

トゥール・ポアティエの戦い

アヴェロエス(右図部分)

「アテネの学堂」ラファエッロ画

からは、アフリカ系統のイスラーム(モーロ人=ベルベル人)に取って代わられる。ポルトガルは一二世紀(一一四三年)にスペインから独立している。イスラームのなかでキリスト教徒と共存したモリスコは、イスラームからキリスト教への改宗者たちである。スペインが純然たるキリスト教国になるのは一五世紀末以降(カスティリャ女王イサベル一世とアラゴン王家フェルナンド五世の成婚によって教皇から「カトリック両王」の称号を受けて)、グラナダを陥落させ、イスラームを半島から駆逐した後のことだった。

さて、なぜイベリア半島にこだわって記してきたかというと、この政治的に複雑な時代のコルドバで、西欧・南欧にたいして思想的に大きな影響力を持った人物である、イブン・ルシュド(ラテン語名:アヴェロエス、一一二六-九八年)が生まれているからである。この人物の本業は医師であった。そのおかげか、自然科学的視座を有していて、こうした目で人間の内面をみつめてもいる。そのため、スーフィー(神秘主義者、後述)を拒絶し、その代表者である、後述の、ガ

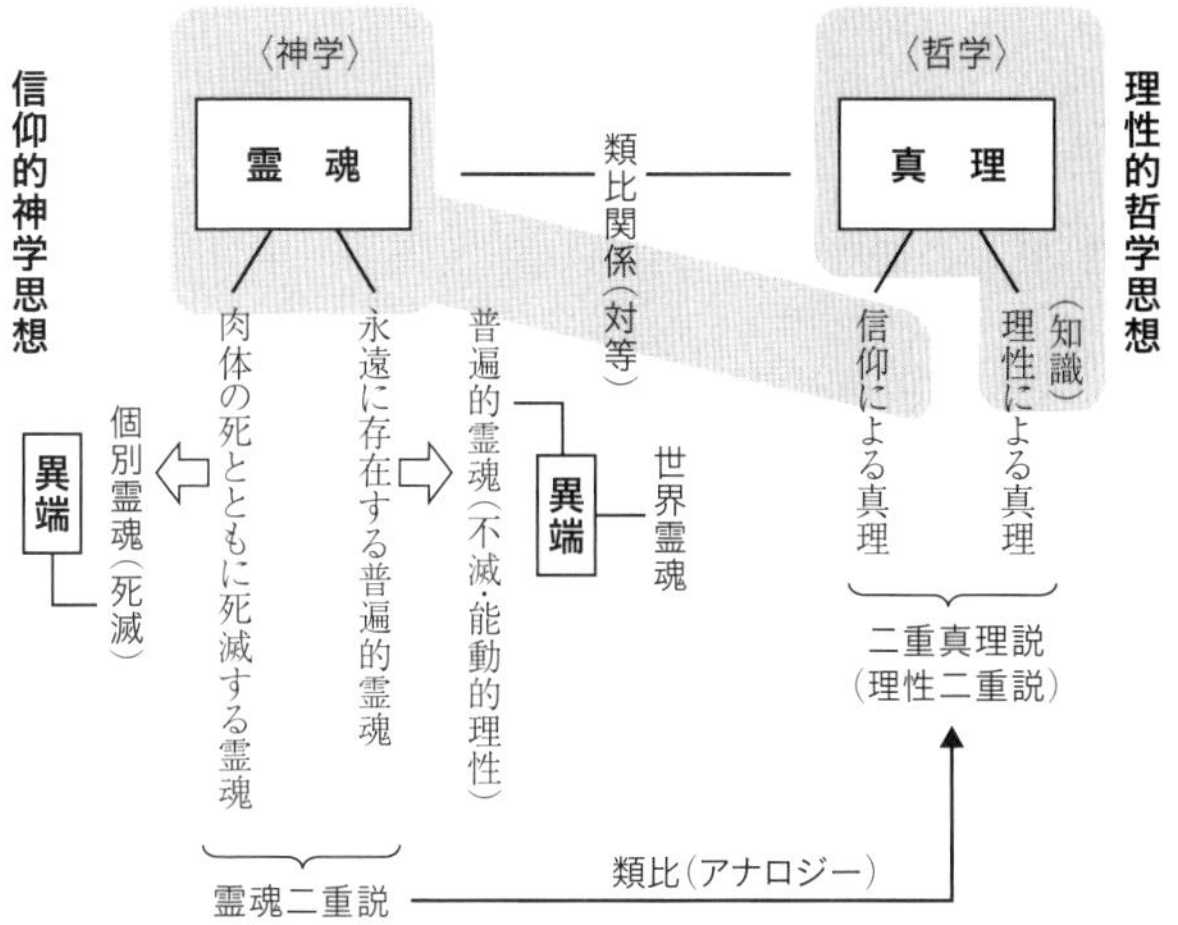

アヴェエロスの二重真理説

ザーリーの哲学批判書『哲学者の矛盾』にたいして、哲学的視座から『矛盾の矛盾』を著わして論難している。アリストテレス哲学の「註解者」としても著名で、その成果が、西欧・南欧に決定的な影響を与えることになる（ラテン・アヴェロエス派）。いまだ、スコラ神学を完成させるトマス・アクィナス（一二二五？－七四年）は生まれてさえいない。

したがってアヴェロエスの哲学的所産は彼独自なものと言える。

アヴェロエスは当代の知識人と同じく、「人間の霊魂」について思索を巡らしている。その結果、人間の霊魂には二種類あるという。

㈠肉体とともに死滅する霊魂：さすがに医者らしい発想だが、キリスト教ではこれを認めず、永遠なるものと解しているので異端である。

(二)各個人を超えて永久に存在する普遍的霊魂（全世界に共通する唯一の霊魂）：能動的理性で、「世界霊魂」と彼は名づけている。

さてこの「世界霊魂」、キリスト教では異端とされる。というのも、キリスト教にあっては死後の霊魂の立ち位置は、各々が救済されることになっており、各自個別のもの扱いだから、唯一霊魂（「世

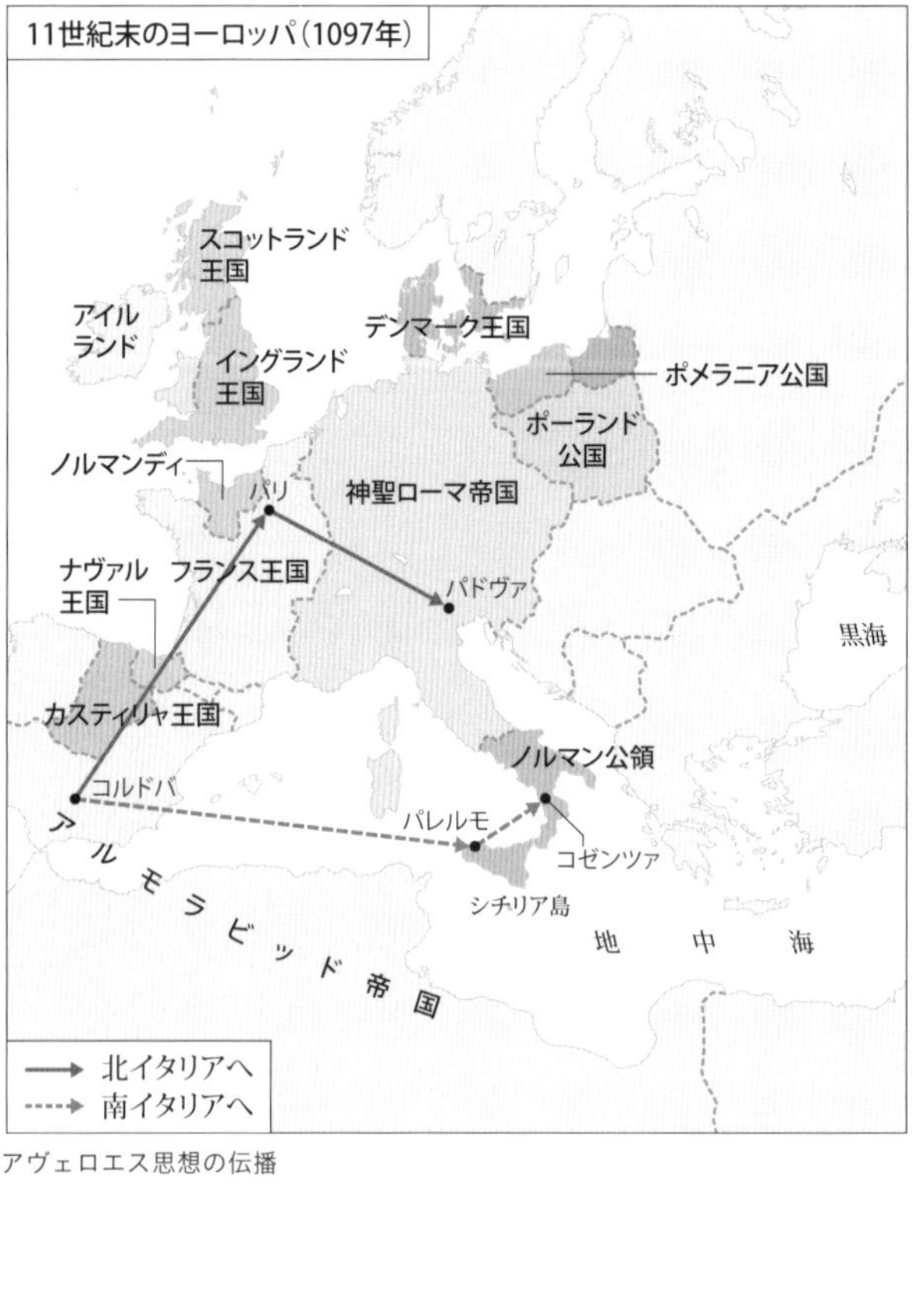

アヴェロエス思想の伝播

界霊魂」）説は異端視されるわけなのだ。こうした結果、アヴェロエスが行き着くのは、㈠、㈡でみてきたように、霊魂には二種類がある、という「霊魂二重説」である。そしてこの分野は、「神学」が言及する分野であろう。

ここでアヴェロエスは、現実の人間の領域に目を向け、「霊魂二重説」のアナロジーとして、理性によって見抜くべき「真理」と向き合うことになる。真理にも二つ（二重性）があるとみて、「信仰による真理」と「理性による真理」の二つを並べて、「霊魂二重説」と「理性二重説」を相似形と把握するにいたる。これは、信仰と理性の調和をのちに訴えるスコラ神学とは相反するものだった。

さらに、霊魂と真理を分けたことで、中世来ヨーロッパの学問体系であった「哲学が神学の下僕」でなくなって、分離することになる（そして哲学は道徳哲学と自然哲学に二分されるが、それはもっと後年のことである）。

アヴェロエスの「霊魂・真理（理性）の二重説」が、シチリア島の国際都市パレルモ、ナポリを中心とした南イタリア、さらにパリ、北イタリアのパドヴァ（ヴェネツィアの内陸都市〔大阪と京都の関係に類似〕）へと時を経て伝播してゆく。

2

西欧・南欧に学的・思想的感化を与えたアラビア人の最高峰は上述のアヴェロエスで、イベリア半島の生まれである。これから述べる四人はアヴェロエスと違って生地はさまざまである。

まず、キンディー（ラテン語名：アルキンドゥス、八〇一－八六六年）。現在のイラクで生まれた。多くの分野のギリシア語の学術的文献をアラビア語に翻訳した。数学を基礎に置いたことで知られる。「アラブの哲学者」の異名を持ち、アッバース朝下で活躍。これ以後の哲学的な重要事項となる「信仰」と「理性」の溝を埋めようと尽力した。すでにこの時点、あるいはそれ以前から「心情」と「頭脳」の問題が生じていて、両者がつかず離れずの課題となっていることがわかる。

次はファラビー（ラテン語名：アルファラビウス、八七〇？－九五〇年）で、トルコ系のアラブ人である。イスラームはプラトン哲学よりアリストテレス哲学を好み、このイスラーム哲学の樹立に大きな貢献をしたこの人物を「第二の師」と呼んだ。「第一の師」とはむろんアリストテレスである。功績としては、二つの哲学の融和を提唱した。これは一五世紀のフィレンツェルネサンスを先取りしている。

三番目がイブン・シーナ（ラテン語名：アヴィケンナ、九八〇－一〇三七年）。ペルシア生まれの哲学者にして医家。アリストテレス哲学と新プラトン主義を融合させた、「第二のアリストテレス」とも称された当時の世界的大学者。中世を通じて東方と西欧に多大な影響を及ぼした『医学正典』を著わした。彼は、あらゆる思想がすべて存在の「第一原因」に帰属しており、神こそが第一原因（新プラトン主義での「一者」）であるとみなした。ここに新プラトン主義の流出の教説を用いて神（一者）の超越性を樹立し、汎神論者の立場に立った。この逸材のアリストテレス哲学や医学上の業績は主に西欧に伝播しているので、後年のアリストテレス哲学の「註解者」アヴェロエスへの影響は別途だと思われる。

四番目がガザーリー（ラテン語名：アルガゼル、一〇五八－一一一一年）。ペルシア生まれ。「ムハンマド以後に生まれた最大のイスラーム教徒」と言われる。つまりイスラーム最高の神学者の意味である。スンナ派（少数派であるシーア派にたいして存在したイスラームの多数派。「スンナ」は「慣れ」を表わし、ムハンマドの言行を指す。イスラームの正統派を自認している）を正統派とすることに賛同している。さらに彼は神秘主義者（スーフィー）の代表者でもある。スーフィズムとは、神への愛を、究極の目的である「神との合一」をその企図とする一種の神秘主義である。

ここまででわかることは、たいていのアラビア人の学者がアリストテレスの哲学の研究を主にしている、ということである。

3

　ところで、アヴェロエスの思想を受け止める側の西欧・南欧の知的水準はいかがなものだっただろうか。結論を述べると「東方の知」の輸入に懸命になっていた。そのためには「翻訳」が必須だった。ギリシア語の文献―そのアラビア語訳／アラビア語の独自の研究文献―ラテン語訳（各俗語訳）、という流れを取る。

　アラビア人たちにとってギリシア哲学で関心があったのは、ギリシアの詩人・雄弁家・歴史家などの著作を除いた、理系の文献が主であり、それはプラトンでなくアリストテレスの哲学を翻訳することに直結した。もともとアラビア人は実証的・経験主義的な民族で、アリストテレス哲学を学問の最高峰とみなしていた。そして、アリストテレス哲学の理系の著作に加え、それ以外の理系文献（数学・天文学・医学・錬金術・占星術）も翻訳している。一方、イタリアでは、ギリシア文化が生んだ秀逸な詩と散文にみられる文法的・修辞学的な知見をわがものにして、法律学の分野で独創的な功績が残された。片や哲学は根づかず、発展しなかった。ローマ人は道路工事とか水道工事とかの、土木工事に長けていた民族で、理念的なギリシア文化に憧れを抱いていたがそれだけに留まった。それゆえ、「ローマは政治的にギリシアを征服したが文化的に征服された」という文言が残っている。そのギリシア文化の一大特色は、多数の事実を一つの理念にまで止揚する抽象能力の高さにあった。多くの哲学者が輩出したのもこうした思弁的な知的風土があったからだろう。

4

当時の東西の関係はどうだったかというと、一〇九六年に教皇ウルバヌス二世によって第一回十字軍が始まった(-一〇九九年)。軍隊がエルサレムに向かうためには、道路の整備が必須だったはずだ。大雑把に言えば交通網の整備である。文化は、ローマとギリシアの事例にみるまでもなく、「東高西低」で、西欧・南欧の知識人は競ってアラビア語を学んで、ラテン語への翻訳にやっきとなった。その結果これまで知られていなかった、プトレマイオス、エウクレイデス、ピュタゴラス、アルキメデス、もちろんアリストテレス等々の著作が西方で読めるようになる。この一大翻訳文化運動を「一二世紀ルネサンス」(次章で詳述)という。東方の知が学術的辺境の地であった西方の諸地域を文化的に豊かにして、日本で言う明治維新での翻訳文化と同じく、ヨーロッパでも「文明の飛躍」(伊東俊太郎)が起きる。

さて「哲学者」と言えば当時アリストテレスを指したが、これは哲学が初めて独立した教材になったことを含意している。ラテン語に翻訳されたアリストテレスの著作集に、アヴェロエスなどアラビア人による註釈が、曖昧模糊としていたキリスト教神学の基礎となる。大学で学ばれていたスコラ神学(「スコラ」は英語の school の語源)の欠陥を補塡することになる。霊魂の探究を自然の究極の目的とみなし、この見地から自然そのものを種々の段階に分けて考察する、アリストテレス哲学が典型的な神学的自然観を提示していたから、大学での神学教育に都合よく、大学（スコラ）での神学・哲学教育の礎となった。

もっと具体的に述べると、アリストテレスの自然観は「目的論的自然観」と言って、自然現象の生起を何らかの目的から説明するものだった。

一三世紀に生まれたトマス・アクィナスは、このアリストテレス哲学とキリスト教神学との「調和」を試みる。ここに、信仰と理性の融和を謳った「スコラ神学」が誕生する（アヴェロエスの説では、信仰〈霊魂〉と理性〈真理〉はべつべつだとみなされていた）。

この神学の中心はパリ大学で、同大学神学部教授にトマス・アクィナスが在籍していた。

当時の大学を中核的な専門領域で分類すると、以下のようになる。

・パリ大学――アリストテレス哲学（神学・自然学）
・オックスフォード大学――倫理学
・パドヴァ大学――医学
・ボローニャ大学――法学

三番目のパドヴァ大学は、イタリアでのアリストテレス主義の中心都市で、理性的理論に感覚的認識経験が加わって、一種の経験主義を形成した。ポーランド人コペルニクス（一四七三－一五四三年、『天球回転論』の著者）も、ベルギー人ヴェサリウス（一五一四－六四年、『人体構造論』

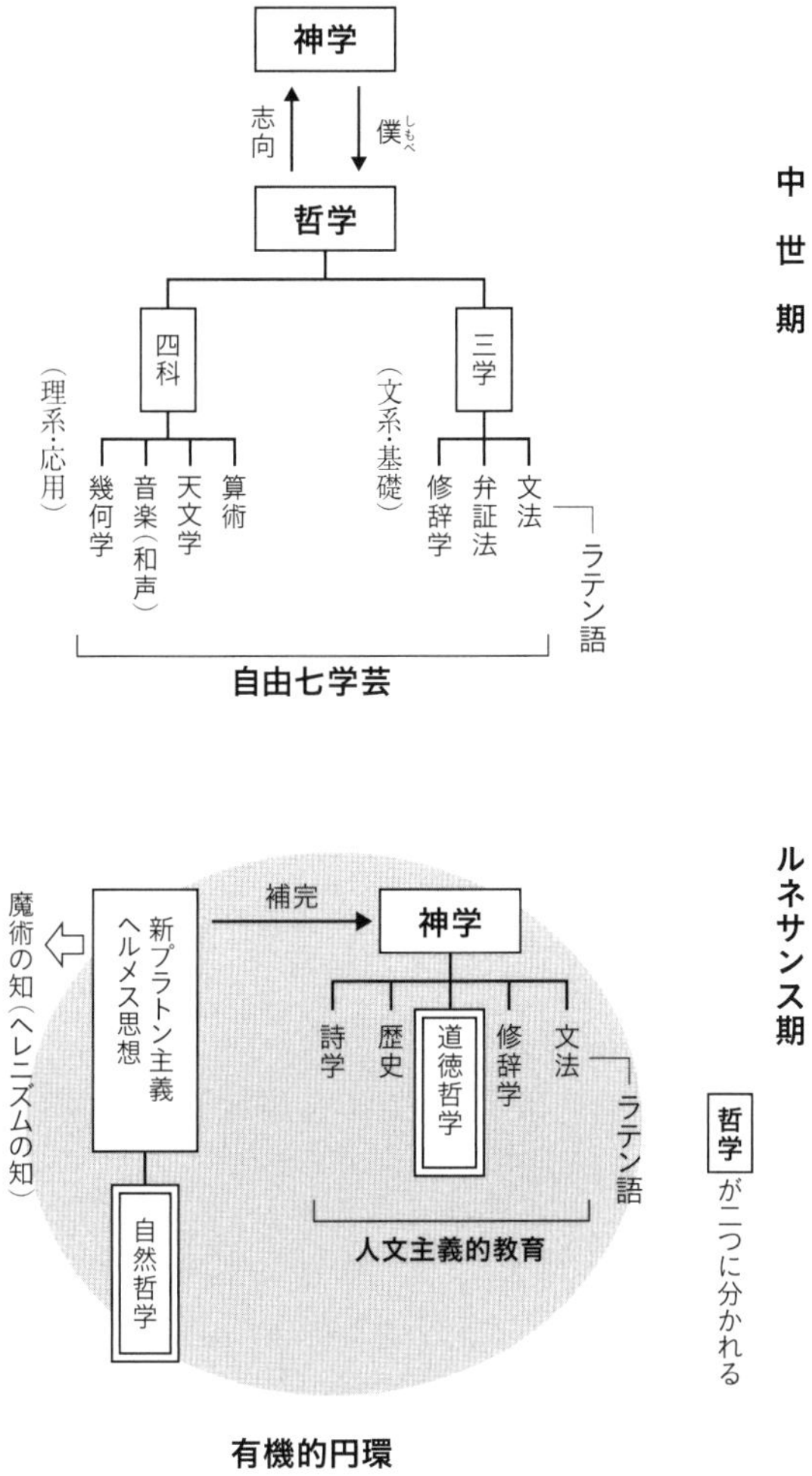

中世期
神学
志向
僕《しもべ》
哲学
四科
三学
（理系・応用）
幾何学
音楽（和声）
天文学
算術
（文系・基礎）
修辞学
弁証法
文法
ラテン語
自由七学芸
ルネサンス期
魔術の知（ヘレニズムの知）
新プラトン主義
ヘルメス思想
補完
神学
詩学
歴史
道徳哲学
修辞学
文法
ラテン語
自然哲学
人文主義的教育
哲学が二つに分かれる
有機的円環

教育体系の変化

の著者）も、パドヴァ大学で学んでおり、何よりもかのガリレオ・ガリレイ（一五六四－一六四二年）が一六世紀末期から一時期、数学科教授を務めている。

ルネサンス文化は（以後の章で綴っていくが）反アリストテレスと言われるが、その内実はアリストテレスの権威と、中世のアラビア人も含めたアリストテレス哲学の註解（者）への反抗であったものの、本当のところ、本書の登場人物である一連の（自然）魔術師たちは最終的にアリストテレス主義を打破できず、わずかに窪みをうがったにすぎなかった。

本格的な攻撃はガリレイの数学的自然観の登場から始まる。

5

スコラ神学が中世の神学の主役となった一三世紀の西欧・南欧に、イベリア半島で熟成した上述のアヴェロエスの思想が入ってくる。フランス（パリ大学）、南イタリア（パレルモからコゼンツァへ）、北イタリア（パドヴァ大学）の三（四）方向に向かう。

アヴェロエスの思想は、信仰と理性を引き離したものだったから、スコラ神学至上主義のパリ大学では異端視されて撥ねつけられる。

一方、南イタリアやシチリアは、その頃、宗教的に寛容な都市であるパレルモ（ユダヤ教のシナゴーグ、キリスト教の教会、イスラームのモスクが共存していた）を首都とした、北フランスからやってきたノルマン王朝の支配下にあった（一一三〇年、両シチリア王国＝南部イタリア＋シチリア）。三代一〇〇年余で終わったが、文化面では「一二世紀ルネサンス」期に当たり、繁栄を極めた。ところが三代目の善王グリエルモ二世に男子がなく、初代のルッジェーロ二世の三〇代の末娘コスタンツァと、神聖ローマ帝国のハインリッヒ六世が結婚した。二人の間に生まれたのが英邁な君主で最初のルネサンス人と呼ばれるフェデリーコ（独名：フリードリヒ二世（一一九四―一二五〇年）である。王の功績は絶大だった。まず、イスラーム（アラビア）文化を継承、第五回十字軍（一二二八―二九年）を決行してエルサレムに無血入城を果たしている。ナポリ大学を創設（国立、一二二四年）。ゲルマン民族によるローマ帝国再建と「われらが海」の実現のため半島を北上して各都市を掌中に収めたが、途中で病死。王みずからが数ヶ国語を話し、文学ではシチリア派を誕生させ、これが北上してダンテらの清新体派となる。南の知が北に文化を伝えたことになる。

　アヴェロエスの思想はシチリアのパレルモを通過して、カラブリア地方のコゼンツァのテレジオ（一五〇九―八八年）に受け継がれる。即ち、「世界霊魂」説を受容したがため、異端的キリスト教の立場を取ることになるが、南イタリアの、一群のこの種の思想の持ち主は後に取り挙

ベルナルディーノ・テレジオ

げていくので、次にいまでも日本で研究者がほぼ皆無である、北イタリアの「パドヴァ学派」に触れておこう。

6

パドヴァは先述したようにヴェネツィアの内陸都市である。アドリア海から入ってくる文化がヴェネツィアで陸に上がり、内陸のパドヴァで咀嚼・熟成される。一二二二年には西欧でも有数の伝統のあるパドヴァ大学が設立されている。アヴェロエスの「二重真理説」を受容して、「パドヴァ学派」を形成する。著名な人物はもちろん多数いるが、ここではそのなかで最も重要な哲学者で医師でもある、ピエトロ・ポンポナッツィ（一四六二－一五二五年）に登場してもらおう。彼もアヴェロエスも医師であることが共通しており、自然科学的視点を身につけた人材だ。言うまでもなく、パドヴァ大学は医学部で名をなしている。ポンポナッツィの主著は『霊魂不滅論』（一五一六年）である。本書は過去の学説を批判的に紹介し、それを通して人間の本質の解明に迫った著作である。

ピエトロ・ポンポナッツィ

ポンポナッツィは、アヴェロエスから受け継いだ二重真理説の「二重」をこう解釈している。

㈠人間が動物学的存在のなかで最高位にある、という「人間・自然学的存在」
㈡人間が神的なもののなかで最下位にある、という「人間・形而上学的存在」

上記の二項目から、人間が自然と神との「中間」に位置づけられるので、人間が独特な霊魂を持つとポンポナッツィは考える。具体的には、動植物と共有する、「生理的な霊魂」と「感覚的な霊魂」、そして人間に固有な「理性的霊魂」、の三種類である。

さて、「中間」とは、人間が完全に死滅すべき霊魂の持ち主でもなければ、完全に不死的な霊魂の持ち主でもなく、両者の真んなかに置かれていて、融和・折衷の状態を保っていることを意味している。この「融和・折衷」の考えは一五世紀の、プラトンとアリストテレス両哲学の融和・折衷という、当時の哲学者の最重要関心事に酷似しているが、フィレンツェ・プラトンアカデミー（フィチーノ、ピコ・デッラ・ミランドラなど）の思考形態と違って、医師らしくあくまで一現象として、他の自然現象を解明するのと同じく、信仰をまったくまじえずに、すべて理性と経験に適うように解こうとした点に特色がある。ピコの著名な『人間の尊厳についての演説』では、「おまえ」を「この世界の中心に置いた」のは神で、いまだ中世的余韻を残していた。

まとめてみると、人間の霊魂は可死的でも不可死的でもなく、その両方をそなえた中間的な状態にある。即ち、人間がただただ物質的な可死的な存在ではなくて、不死性をも伴った中間的な存在。人間は物質的自然とも異なった独自の存在。中世神学から解放された人間は、人間を自然と同列に置くルネサンスの自然哲学者からも離れて、独自の存在感を自覚するにいたる。

人間性を理性的に追究することによって、神とも自然とも異なる独自の人間性を顕現させる。それは、とどのつまり、人間を中心とみなす自覚を生む。

北イタリアのルネサンスは、ポンポナッツィに鑑みるに、きわめて乾いていて即物的だが、医家の観点が入ると、アヴェロエスもそうだが、こうも合理的な思量に及ぶのか、とある意味で新鮮な驚きを覚える。

こうしてイタリア半島は北のパドヴァ学派と南イタリアの、世界霊魂に代表される、アヴェロエスの思想（異端的なキリスト教思想／魔術師たちの思想）に挟まれる格好になる。

ビザンツ（東ローマ）帝国のルネサンスと「一二世紀ルネサンス」

1

この表題は一見、容易に思えるが、それほど簡単にはいかない。それは私たちが「ギリシア人」に関する知識に存外とぼしいからである。古代ギリシア人については、アテネやスパルタといった都市国家（ポリス）をはじめとして、ソクラテス、プラトン、アリストテレス、と有名どころを一応学んでおり、なんとなく輪郭はつかんでいるが、共和制・帝政ローマに占領され、その後、イスラームに征服された後のギリシア人たちの動向をついぞわかっていないし、中等教育以降でもあまり言及されない。一言加えておくと、ローマ人は征服した古代ギリシア人を自国に連れ帰って奴隷としながら、彼らからギリシア文化を学んだと言われているが、ほとんどのローマ人は理念的なギリシア文化を理解できなかったので、多くのギリシア人はギリシアの故地（ビザンツ、あるいは古代ギリシア）に帰ってしまった、という説もある。

ここで大きな視座を示しておこう。西欧・南欧・中欧・東欧・中近東には二つの大きな流れがある。一つ目は、東方のバビロニア帝国（メソポタニア）―ペルシア帝国（イラン）―アレクサンドロス大王によるマケドニア王国―ビザンツ（東ローマ）帝国、といった帝国主義の系譜。二つ目は主に西方の、ギリシアの民主制―ローマの共和制―ルネサンス諸都市の共和制―フランス革命、という民主主義（共和制）の系統。一つ目と二つ目の潮流が対立を提示しているのは、一目瞭然である。イタリアルネサンス期には、フィレンツェ、シエナ、ヴェネツィアといった共和制都市国家もあったが、ミラノ公国、ナポリ王国などの君主制国家もあったので、一概に二つに分類することには無理があるが、当時イタリア半島が分裂していたので、ご容赦願いたい。要するに、「帝国主義」と「民主主義（共和制）」の対立である。

やはり考えねばならないのは、一つ目の「ビザンツ（東ローマ）帝国」の位置づけであろう。結論から言えば、東ローマ帝国とは「キリスト教化したギリシア人（による）のローマ帝国」を指す。帝国民は、古代ギリシア人を「ヘレネエ」（ギリシア人、ギリシア風の）と否定的に呼び、みずからを「ローマイオス」と称した。これは肯定的名称で、その実、古代ギリシアをキリスト教以前の異教（多神教）時代として認可せず、共和制ポリスを東ローマ「帝国」と自認するがゆえに、理解の対象外に置いていたことがわかる。

ビザンツとは、首都コンスタンティノープルの旧名ビュザンティウムの古称である。ローマ帝国の首府がコンスタンティヌス一世（大帝、在位三〇六－三三七年）によってコンスタンティノープルに最終的な決定をみたのが三三〇年で、以後一四五三年にオスマントルコによる首都陥落にいたるまで、一〇〇〇年余の長命を維持した大国である。その間、いくつもの王朝の興隆・衰退があったなかで、マケドニア朝（八六七―一〇五七年）とパレオロゴス朝（一二六一―一四五三年）といった、中興の王朝と最後の王朝とに、それぞれ独自のルネサンス文化が起こっている。「一二世紀ルネサンス」や「一五、一六世紀のイタリアルネサンス」にばかり目を奪われていると、見逃してしまうアドリア海を挟んだ向こう岸の東方の地の文化運動である。

2

ビザンツ帝国みずからのアイデンティティは、上記のようにキリスト教とローマ帝国を受容して、ローマ人と自覚することにあったが、近代ヨーロッパ人がビザンツ帝国をどう認識していたかを考えてみると、存外に複雑である。それは裏返して言えば、近代ヨーロッパ人の自己認識にも関わってくるからだ。古代ギリシア人をみずからの過去に取り込む一方で、直接の継承者であるビザンツ帝国の存在を、帝国ゆえに、共和制の西欧社会から外した。その最中に、ビザンツ帝国では、マケドニア朝ルネサンスが起こっている。このルネサンスの特徴と言えば、やはりローマ帝国の「再生」で、行政機関や法律を整え、イスラームの支配下にあった領土を奪還した。さらにスラヴ地域にキリスト教（ギリシア〔東方〕正教、一〇五四年、

「1204年のコンスタンティノープル包囲戦」パルマ・イル・ジョーヴァネ画

西方教会と分離・独立）を普及させた。このようなことから、経済や軍事面で帝国は繁栄し、当然、文化面にもよい意味での影響があって、宮廷に多くの文化人が集まってきて、古代ギリシア・ローマ時代の文献の研究が盛んになった。『抜粋』、『農業抜粋』（農業書）、『帝国の統治について』（帝国統治論）などが刊行された。また、アルファベット順での世界最古の百科事典で、国政指南の『スーダ事典』が出ている。この点だけみると、始原回帰を旨とした、イタリアルネサンスによく似ている。

さて、これまで私は意図的に

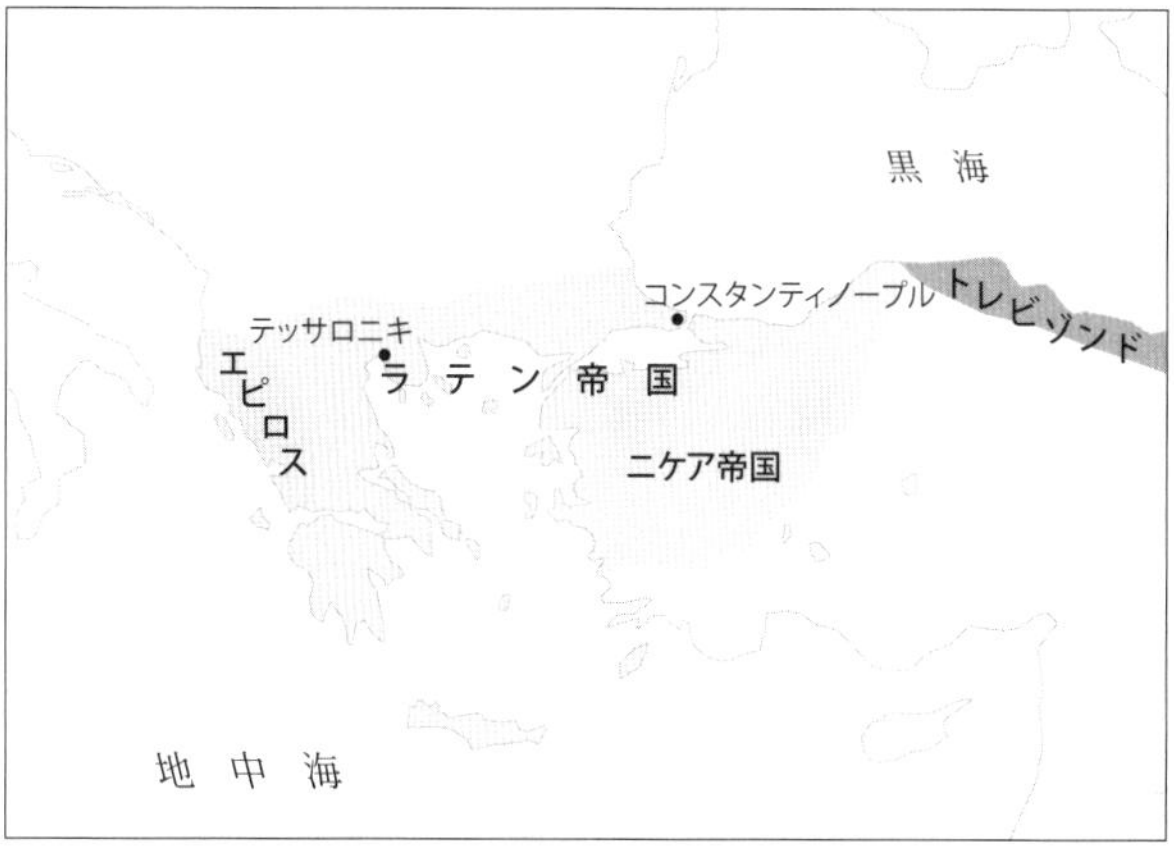

1204年 ビザンツ帝国の分裂

ビザンツ帝国と記してきたが、これには訳がある。第四回十字軍（アンゲロス朝下、一二〇二－〇四年）で、コンスタンティノープルが陥落し、帝国は分裂して、ラテン帝国、ニケア帝国、トレビゾンド、エピロスとなる。

ラテン帝国は「フランドル系」の王、死後はその弟の善政で栄えたが、弟王の没後衰退した。一方ニケア帝国（小アジアを主たる領土とする「ギリシア系」の国家。効率のよい政治と安定した財政の下、帝国は隆盛を誇った）は、ミハエル八世パレオロゴスが一二六一年、コンスタンティノープルを奪還して、ビザンツではなく東ローマ帝国（パレオロゴス朝）を創建した。「創建」と記したのは、ギリシア系の王による、ギリシア人のローマ帝国という帝国の再出発という意味で、ここに本来的意味での「東ローマ帝国」が誕生するからである。この王朝の下で「パレオロゴス朝ルネサンス」が生まれ、一五、一六世紀のイタリアルネサンスと深く関わってくる。まず、プラトンに憧れて名をプレトン（一三六〇？－一四五二年）とした人士は、自分たちを古代ギリシアの子孫だと主張し、イタリアへ赴いてプラトン哲学について講演をしている。さらに、ギリシア語学者で外交官でもあったマヌエル・クリュソロラス（一三五〇？－一四一五年）は、対オスマントルコへの支援を求めてイタリア諸国を訪問し（一三九三年）、一三九七年には、フィレンツェ大学に招かれてギリシア語を教授した（というのも当時、イタリアでは南イタリアの一部の地域を除いて、ギリシア語を解する者がいなかったからだ）。クリュソロラスの弟子たち（彼を招聘しギリシア語も学んだリノ・コルッチョ・サルターティ（一三三一－一四〇六年）、ラテン語にも精通していたレオナルド・ブルーニ（一三七〇？－一四四四年）は、フィレンツェ共和国書記官長をともに務め、能筆家で、老コジモことコジモ・デ・メディチを友人に持ち同じくフィレンツェ共和国書記官長を務めたポッジョ・ブラッチョリーニ（一三八〇－一四五九年）は、教皇庁秘書官でもあった。三人とも一五世紀前半に活躍している）。彼らをギリシア語修得第一世代という。第二世代がフィレンツェルネサンスの立役者である、一五世紀後半に、アッカデミカ・プラトニカ（プラトンアカデミー）に集った知識人たちで、これは次章で後述する。ちなみにこの時代のギリシア語はもう古代ギリシア語でなく、現代ギリシア語の元となっている中世ギリシア語の時代である。

3

ルネサンスという文化運動・現象は史上いくつかあったが、西欧で著名なのは、以下の二つであろう。前述した「一二世紀ルネサンス」と「一五、一六世紀のイタリアルネサンス」である。両者に共通しているのは、ともに「翻訳文化運動」であることで、「一二世紀ルネサンス」のほうは東方の種々な文献をラテン語に翻訳している。即ち、西方世界は、産業革命や啓蒙思想を経るまえは、文明という点では東方世界より劣っていて、ある時期まで「西の辺境地域」と呼ばれていた。二つの「翻訳文化運動」を体験してはじめて西欧・南欧は「近世」を迎えることになった（伊東俊太郎）。

第一の「翻訳文化運動」（東方の知を西方に翻訳、アラビア人を介しているので、彼らの民族性を反映して理系の書物の翻訳が大半である）——「一二世紀ルネサンス」は、以下の翻訳を主とする。

㈠プラトン『メノン』、『パイドン』などのイタリアルネサンスで興隆したギリシア語の文献（東ローマ帝国で醸成されたギリシア文化）→ラテン語

㈡プラトン『ティマイオス』、アリストテレス『自然学』ほか、ユークリッド『原論』、ガレノス『医書』などのギリシア語の文献（古代ギリシアの文化）→アラビア語→ラテン語

㈢ヒポクラテス『箴言』ほか、『コーラン』、キンディー『知性論』、アヴィ＝ケンナ『治癒

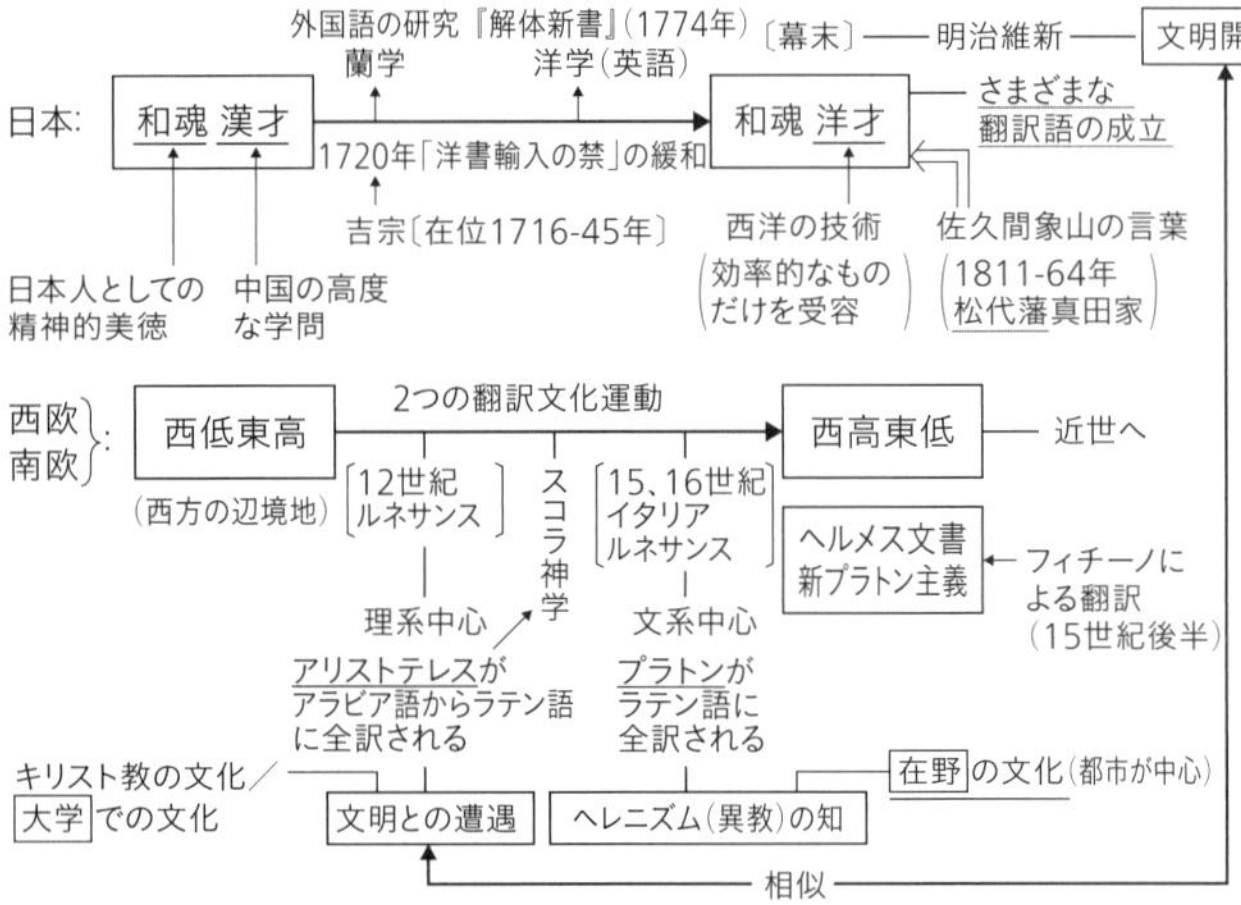

翻訳文化の効能

の書』、イブン・アル＝ハイサム『光学』などのアラビア語の文献→ラテン語

㈠の際のギリシア語は中世ギリシア語でイタリアルネサンスと深く関わった。㈡は、西方にとっては「文明との遭遇」（伊東俊太郎）期で、この頃までに西方では、東方の知を受容できるだけの素地が整備されていた。これにはボエティウス（四八〇－五二四？年）の存在が大きい。彼は東ゴート王テオドリックに仕えたローマのキリスト教哲学者で、中世にアリストテレス哲学を伝える重要な役割を担った。著書『哲学の慰め』を私は学生時代翻訳で読んだが、とても心に残る印象深い書物だった。㈡に㈢も加えると、西方の知

識人が一所懸命アラビア語を学び、ギリシアやアラブの科学や哲学の文献をわがものにしようと努力したことがわかる。アラビア人は既述のように、実験的・経験的・実証的（つまり、具体的な文化）を好み、ギリシア哲学では観念的なプラトン哲学よりも、「あらゆる学問の祖とされる」アリストテレスの学知に共鳴して、彼の全著作をアラビア語に翻訳し、それを西方のひとびとがまずラテン語へ、それから各俗語に翻訳した（二重、三重訳である）。西欧・南欧のひとたちはこの翻訳によってはじめてユークリッド、アルキメデス、プトレマイオス、ヒポクラテス、ガレノス等の仕事を知ることになる。これらの業績を知ることで西欧・南欧のひとたちは「知的離陸の時代」（伊東俊太郎）を迎えることになる。日本に置き換えると、明治維新時の「文明開化」が相当するだろうか。この時期までに知られていたプラトンのラテン語翻訳書は次の三点のみである。『メノン』（徳性について）、『パイドン』（魂について）、『ティマイオス』（自然について）。

㈢の事例として有名なのは、錬金術の書と、イブン・アル＝ハイサム（ラテン語名：アルハーゼン、九六五－一〇四〇年）の『光学』が翻訳されたことであろう。これはイングランドのスコラ哲学者で、自然科学への道を拓き、「驚異博士」の異名を取ったロジャー・ベーコン（一二一四？－九四年）に影響を与えて、採光認識学を生み、ルネサンス期に数学が加味されて、遠近法の誕生をみる。

4

翻訳が行なわれた地域として代表的なのは、スペイン（トレド）、シチリア（パレルモ／ノルマン朝期）、ヴェネツィア、南フランス（プロヴァンス地方）である。最も著名な翻訳者を挙げるのなら、トレドでの二人の翻訳者であろう。一人目はフランス人のペトルス・ウェネラビリス（尊者ピエール〔一〇九四?‐一一五六年。「尊者」とは神の僕、尊者、

イスラーム世界を経て古代ギリシア文化が中世ヨーロッパに伝わる

福者、聖人といった地位者への敬称）で、これまで戦闘だけの相手であったイスラームの真相を、『トレド集成』で明白にしている。彼は四八歳のときにクリュニー（フランス中南部の町、リヨンの北方に位置する）から同派の財政問題でアルフォンソ七世（カスティリャ王）に呼ばれてトレドに向かった。彼はクリュニー派の修道院長という高位にあって、往時、こうした人物が翻訳に携わることはなかった。多神教だったと思われていたイスラームが一神教であったこと、キリスト教が認めていた三位一体をイスラームは認めず、キリストを預言者とみていることなど、キリスト教の教義とイスラームの教説の相違を洗い出して、イスラームの何たるかを初めて明確化してイスラームへの理解を深める一助となした。

第二の人物はクレモナのゲラルド（一一一四?－八七年）で、北イタリアの、楽器製造の本拠地であるクレモナから遥かトレドへまで足を延ばし、その地で全八七冊に及ぶ翻訳を行なった（上述の、アリストテレス、プトレマイオス、ユークリッド、アルキメデス、ガレノスなど）。ヴェネツィアではヴェネツィアのジャコモが一一二四年から翻訳を開始して、アリストテレスの『分析論前書』（三段論法を論じている）、『分析論後書』、『トピカ』、『詭弁論駁論』をラテン語に翻訳した。

南フランスのプロヴァンス地方はもともと吟遊詩人（トゥルバドゥール）で名を挙げていたが、それに続いて文芸書、とりわけフランス最古の叙事詩『ローランの歌』の誕生をみる。これは八世紀に起こった実話（イスラームとシャルルマーニュの部下ローランとの戦闘）について一一世紀に執筆されたものである。この作品を下敷きに、イタリアルネサンス期にボイアルド〔一四三四？－一九四年〕が『恋するオルランド』を、アリオスト〔一四七四－一五三三年〕が『恋するオルランド』を素地に『狂えるオルランド』を書いている〔オルランド／Orlandとは、ローラン〔フランス語〕の、イタリア語表記名〕。

さてもう一点、言及しなくてはならないことがある。それは文化史家の解釈で、一二世紀ルネサンスを唱えた学者がいたことである。チャールズ・ホーマー・ハスキンズ著『一二世紀ルネサンス』〔一九二七年〕がそれで、一二世紀にすでに古代ローマのキケロ〔前一〇六－前四三年〕の伝統を、聖書やラテン散文と融合し、「均斉の取れたキリスト教人文主義」を誕生させていた〔ソールズベリーのジョン〔一一八〇年没〕の業績による〕。そしてルネサンスとは中世の文化が最高潮に達した現象〔中世・ルネサンス連続史観↓ルネサンス近代史観〔中世・ルネサンス断絶史観〕に疑問符を打った〕とみなした。ただし、ハスキンズは、ラテン系の文化に着目しており、当該書では教会法、ローマ法、自由学芸への関心が主であった。

一五、一六世紀のイタリアルネサンス

1

一五、一六世紀のイタリアルネサンスに入るまえにどうしても触れておかなくてはならない人物がいる。フランチェスコ・ペトラルカ（一三〇四－七四年）で、この桂冠詩人・道徳哲学者・書簡愛好者がいなかったら、ルネサンス文化運動は起きなかったであろう。「魔術師列伝」から少し外れるが、簡潔にその業績を記しておこう。

フランチェスコ・ペトラルカ

まず、法律家を目指してボローニャ大学で勉強中、古代ローマの政治家で文人であるキケロやストア派の哲学者セネカ（前四？－後六五年）の著作に出会って、目から鱗が落ちるような感慨を覚える。それはキリスト教普及以前の、多神教を旨とした現世肯定の「異教」との遭遇だった。これを機にペトラルカは、西ローマ帝国崩壊(四七六年)以前の古代ローマの文化を黄金時代とし、それ以降の、主にゲルマン民族の支配下に下ったイタリアの文化から、ペトラルカ存命の当代までを、「中間の時代」=「中世」=「暗黒時代」と位置づけた。「中世暗黒時代」説の誕生である。さらに、大学でのスコラ神学の衰えを見据えて、古代異教の「人文主義(世俗重視、人間中心、現世肯定、多神教等)」と正反対のキリスト教を融和・折衷して「キリスト教人文主義」を提唱した。「should の世界」と「how to の世界」の調和がここに生まれる——「天国に行くためには、この世をどうやって巧みに善く生きてゆくべきか、その方途として、古典古代の偉人たちの書を読むことで人格形成をし、人間的教養を身につけてゆく生活態度」を説いている。ペトラルカの成し遂げた仕事としてもう一点。上記のように、中世暗黒、これから古典古代の文化を取り入れ新たな第一歩を、という気概から、明らかに時代を「区切って」おり、ここに「歴史意識」の誕生を私たちはみることができる。以下に登場する人物はペトラルカの教えを継いだ名士たちだが、時代背景的に師の教説が通じなくなってきていた。

2

主に一五世紀後半のフィレンツェルネサンスが注目されるが、同時期のスペイン・アラゴン王家が支配するナポリでも、フィレンツェと同じ程度の高尚なルネサンス文化が華を開かせている。むしろナポリのほうが早かったと言っても過言ではあるまい（ローマのカンピドリオの丘でペトラルカを桂冠詩人に列したのはアラゴン家以前のナポリの支配者で、フランス・アンジュー家のロベルト王であった）。加えて、北イタリアの大国ミラノ公国の侵略的領土拡張政策に堂々と立ち向かった、フィレンツェ市民たちの心意気にも着目すべきである。

ペトラルカの思想の後継者でミラノ公国で大いに世話になった、フィレンツェ共和国書記官長リノ・コルッチョ・サルターティ、その弟子のレオナルド・ブルーニは、ペトラルカの

リノ・コルッチョ・サルターティ

レオナルド・ブルーニ

「観念的平和論」を棄て、領土確保のため実戦重視で、主にサルターティがミラノ軍と戦い、フィレンツェの共和制を死守せんとした。

ところが戦闘の相手のミラノ大公、ジャンガレアッツォ・ヴィスコンティ（一三五一－一四〇二年）が対戦中に没してしまい、その後継者が虚弱で、フィレンツェは侵攻を免れる。ここには上昇機流に乗って、フィレンツェを支えた意気軒昂な市民階級の思潮がみられる。

ドイツから最終的にアメリカに渡った歴史学者ハンス・バロン（一九〇〇－八八年）は、この事態を「市民的人文主義」の時代（一三七八－一四五三年）と命名した。これは当を得たもので、この線で人文主義をみていくと、単なる文学上の人文主義である「文人的人文主義」（一四五四－九四年、「イタリアの平和」）の時期があって、アルプスを越えてイタリアの知識人が各地へ流出し、また各国・地域の有識者がイタリア（主にフィレンツェ）を訪れ、新鮮な知識を会得して帰国したことで、文化の普及とともに通俗化が起こる。いわゆる、フィレンツェルネサンスの黄金期である。

哲学者・翻訳家マルシリオ・フィチーノ（一四三三－九九年）、思想家ジョヴァンニ・ピコ・

ジャンガレアッツォ・ヴィスコンティ

ジョヴァンニ・ピコ・デッラ・ミランドラ

マルシリオ・フィチーノ

サンドロ・ボッティチェッリ

アンジェロ・アンブロジーニ・ポリツィアーノ

ニコラウス・クザーヌス

コジモ・デ・メディチ

デッラ・ミランドラ（一四六三－九四年）、詩人アンジェロ・アンブロジーニ・ポリツィアーノ（一四五四－九四年）、画家サンドロ・ボッティチェッリ（一四四五?－一五一〇年）などが活躍する（万能人レオナルド・ダ・ヴィンチ〔一四五二－一五一九年〕はこの時期ミラノに滞留していた）。彼らはコジモ・デ・メディチ（老コジモ、一三八九－一四六四年）がフィレンツェ郊外に設けたカレッジの別荘に集って論議を戦わせた。フィチーノはじめ、ギリシア語修得で言うと、第二世代に該当する。

さて、ギリシア語修得第一世代と第二世代とに重なった時代に活躍した傑物が三名いるので、この機会に挙げておく。『知ある無知』を刊行し近未来のコペルニクス説を半ば支持した、哲学者ニコラウス・クザーヌス（一四〇一－六四年）、文献批判学の祖となり教皇庁書記官も務めたロ

エネア・シルヴィオ・ピッコローミニ

ロレンツォ・ヴァッラ

レンツォ・ヴァッラ（一四〇七‐五七年）、のちに教皇ピウス二世（在位一四五八‐六四年）として登位する、エネア・シルヴィオ・ピッコローミニ（一四〇五‐六四年）。みな一五世紀初期に生まれ半ばで死去している。忘れられがちだが、きわめて重要な人物たちである。

「文人的人文主義」の後、文化の中心はローマや各都市の宮廷に移る（これらの政治の担い手の中核、つまり官僚として従事したのが人文主義者たちだった）。ちょうどイタリア戦争期（一四九四‐一五五九年）に当たり、仮に名づけるとしたら教皇庁や各都市の宮殿を中心とした「宮廷風人文主義」とでも言おうか。しかし内実は外国軍に支配された分裂国家イタリアの知識人の新たな生き方の模索の時期でもある。ニッコロ・マキァヴェッリ（一四六九‐一五二七年）がその代表格であろう。彼の思想の中核はイタリアの統一はむ

ポッジョ・ブラッチョリーニ

ニッコロ・マキァヴェッリ

ろん、半島各国の「バランス・オヴ・パワー」にあった。

3

さて、一五世紀後半はギリシア語修得第二世代の活躍期であり、ギリシア語原典からの直接の翻訳時代がやっと訪れたことになる。むろん、第一世代でも、レオナルド・ブルーニのような語学に秀でた人物は、プラトンの原典からラテン語に翻訳をしているが、彼のいちばんの功績は、プルタルコス（四六?－一二〇?年）著『英雄伝（対比列伝）』のラテン語訳で、本書はルネサンス期を通してベストセラーの位置を占めている。

また、古文書収集で活躍したのは能筆家のポッジョ・ブラッチョリーニで、コンスタンツ（スイスの北端でドイツの南端にある小都市）公会議（一四一四―一八年）に随行し、周辺の修道院などで古文書の調査を徹底して行なった。ちぎれちぎれになった文書をいちいちつなぎ合わせ、何ヶ月もかかって浄書した。そのなかで重要な文書二書を挙げるとすれば、エピクロス派の哲学者ルクレティウス（前九九？―前五五年）著『事物の本性について』と、ケルスス（前二五？―後五〇？年。ルネサンス中葉の著名なスイスの医師にして錬金術師はこのケルススを超えようとして「パラケルスス」と名乗った）著『医学論』が後世に大きな影響を与えた。ルクレティウスは作品を韻文で綴っているが、そのなかの一節がそのままボッティチェッリ筆の「春」のなかで具現化されている。フィレンツェの知識人たちは、ポッジョのもたらした多数の文献に歓喜し、研究に役立てた。

4

「イタリアの平和」の四〇年間、ほぼフィチーノの活躍で、一二世紀ルネサンスとはべつの「文系」のギリシア語の文書が、原文からそのままラテン語に翻訳された。

フィチーノによる、ギリシア語からラテン語への翻訳書の代表作と刊行年を表示してみよう。

㈠『ヘルメス文書』一四七一年

㈡『プラトン著作集』一四七四―九四年

㈢プロティノス著『エネアデス』一四九二年
フィチーノの自著・註解。
㈠プラトン著『饗宴』註解、一四七四年
㈡『プラトン神学』一四七四年
㈢『人間の生について』一四八九年
㈣『太陽論』一四九四年

六六年間の人生で見事なものである。各作品には翻訳が出ているので、関心のある方は検索してほしい。とりわけ、新プラトン主義者であるプロティノスの『エネアデス』の翻訳のおかげで、「新プラトン主義」が一世を風靡する新思潮となる（当時の「流行思想」と皮肉る研究者もいるが、あながち間違ってはいない）。

プラトンとアリストテレスとプロティノスで三大哲学者と呼ばれている。「新プラトン主義」について、「新プラトン主義とヘルメス思想」の章で、詳細に解説するが、ここではこの哲学が、プラトン哲学とアリストテレス哲学の融和・折衷であることだけを知ってほしい。プラトン哲学とアリストテレス哲学との、いいとこ取りだと思ってもらっても構わない。

フィチーノが『ヘルメス文書』を最初に翻訳したのは、老コジモからのたっての願いが理由だ。老コジモは『ヘルメス文書』が聖書より古い、一種の「創造神話」だと伝え聞いていたからである（ルネサンス期の特徴の一つに「尚古主義」（旧いものにこそ価値がある、という考え）があって、それに従ったまでである。ちなみに、老コジモの侍医の息子がフィチーノで、フィチーノ自身も本職は医師だった)。『ヘルメス文書』の成立は、紀元前三世紀から後三世紀の間で、エジプトのアレキサンドリアを中心に、形骸化したギリシア哲学に対抗して収集された文書の集成である。最後に一つ、フィチーノはヘレニズム文化の知(『ヘルメス文書』、『エネアデス』)を翻訳したが、彼自身はあくまでキリスト教徒として生きた。他の知識人たちも同様だった。

ジェローラモ・カルダーノ（一五〇一―七六年）

1

のっけから私ごとで恐縮だが、私のルネサンス文学・文化体験は、カルダーノの『自伝』の翻訳から始まった。東京のある書店で、カーメン・ブラッカー／M・ローウェ編『古代の宇宙論』（矢島祐利・矢島文夫訳、海鳴社、一九七六年）という翻訳書を求め、その本に「うみなり」という版元へ送る読後感想の葉書が挟まっていた。ちょうど京都に引っ越したばかりの私は、本の所感ではなく、「大学の図書館にはイタリア古典関連の書がたくさんあって、もしご依頼を受ければ、翻訳をいたします」と生意気にも書き送った。すると三日後、アパートに電話がかかってきて、いま、滞っている翻訳作業があるが、引き受けてくれませんか、と。大学院に籍を得た直後だったので、最初は迷ったが、上記のような文面を書き送った手前、後には引けず、それがカルダーノの自伝であることを知ると、ためらいはもうなかった（原典はラテン語。それを元に、二種類のイタリア語訳版と英語訳版を参考にして訳出した）。

ミラノから電車で三〇分ほどで到着する、北イタリアのミラノ公国内のパヴィアで私生児として生まれたこの人物、本職は内科医で尿・梅毒の研究の大家である。北イタリアの数々の大学で教鞭を執った。さらに数学者としても著名で、占星術に凝り、晩年、キリストのホロスコープを作成したがため、投獄の憂き目に遭っている。またカルダーノは大の賭博好きで、『さいころ遊びについて』（刊行は没後、一六六三年）という著書で確率論を樹立した（古典的確率論を確立したのはフランスのピエール＝シモン・ラプラス（一七四九－一八二七年）である）。

彼の数学の主著に『アルス・マグナ（大技法）』（一五四五年）があり、ここで「三次方程式」の解法を公表している。カルダーノが導いたわけでなく、同じく著名な数学者だったニッコロ・タルターリア（一四九九－一五五七年）が解明している。タルターリアは吃音で、ヴェネツィア大学数学科教授を務め、弾道や築城の研究で際立った業績を挙げているが、何よりも古代シチリアの科学者で浮力の原理を発見したアルキメデス（前二八七－前二一二年）

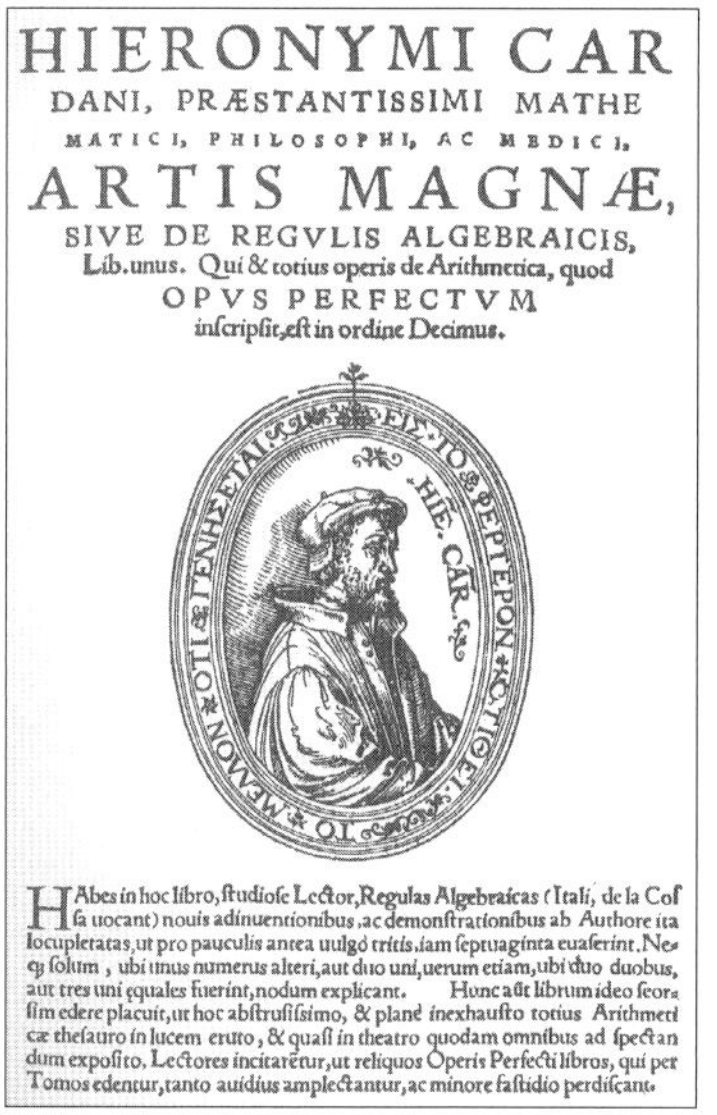
HIERONYMI CAR
DANI, PRÆSTANTISSIMI MATHE
MATICI, PHILOSOPHI, AC MEDICI,
ARTIS MAGNÆ,
SIVE DE REGVLIS ALGEBRAICIS,
Lib. unus. Qui & totius operis de Arithmetica, quod
OPVS PERFECTVM
inscripsit, est in ordine Decimus.

HIE. CAR.

HAbes in hoc libro, studiose Lector, Regulas Algebraicas (Itali, de la Cossa uocant) nouis adinuentionibus, ac demonstrationibus ab Authore ita locupletatas, ut pro pauculis antea uulgò tritis, iam septuaginta euaserint. Neque solum, ubi unus numerus alteri, aut duo uni, uerum etiam, ubi duo duobus, aut tres uni æquales fuerint, nodum explicant. Hunc aũt librum ideo seorsim edere placuit, ut hoc abstrusissimo, & planè inexhausto totius Arithmeticæ thesauro in lucem eruto, & quasi in theatro quodam omnibus ad spectandum exposito, Lectores incitarentur, ut reliquos Operis Perfecti libros, qui per Tomos edentur, tanto auidius amplectantur, ac minore fastidio perdiscant.

『アルス・マグナ（大技法）』

の著作集をギリシア語からイタリア語に、さらにユークリッドの著書も同様に翻訳した功績がいちばんであろう（一五三九年）。前者が後年、ガリレオ・ガリレイに多大な影響を与えることになる。このタルターリァからカルダーノは公にはしない、という約束で、三次方程式の解法を聞き出した。タルターリァはカルダーノに教えるのは本意ではなかったので、「詩」で示している。

立法と物が合わさって
或る離散数に等しくなるとき
これだけの差を持つ他の二つに常に従うがよい
その積は常に物に三分の一の立法に等しいことに
そしてそれらの立法根が引かれた
その残りが一般的に
汝の元の物になるであろう……

ニッコロ・フォンタナ・タルターリァ

以上は、x（の三乗）$+px=q$ の解法を示したもので、詩行中の「物（cosa／コーザ）」とは x を指す。カルダーノはボローニャ大学教授シピオーネ・デル・フェッロ（一四六五－一五二六年）の遺稿を、愛弟子ルドヴィコ・フェラーリ（一五二二－六五年）とともに検討し、そこに三次方程式の解法を見出すと、タルターリァが第一発見者ではないとみなし、タルターリァとの約束を反故にして自著『アルス・マグナ』に「デル・フェッロの解法」と明記して紹介して公表した。その際、弟子フェラーリが四次方程式を解いたことにも触れている。

三次方程式と言えば、管見によれば「虚数 *imaginary number*」を連想するが、一六世紀に、これほど難度の高い数式が解けていたことに驚嘆する。カルダーノと騙されたタルターリァの間で論争が起こったのは言うまでもないが、カルダーノは応じず、フェラーリが相手をしたと言われている。

ここで「虚数」というわかったようでわからない「数字」を考えてみたい。というのも、『アルス・マグナ』の英訳版に、「一次は線、二次は平面、三次は立体（肉体）、四次以上は自然が許さない」という印象的な言葉があるからだ。ここの「自然」とは「神」と同義であろう。何が言いたいかというと、カルダーノの時代に、地動説でさえ認可されていなかったのに、「実数」以外の数字が（聖職者たちに）認められたかどうかということである。いまだガリレイを端緒とする科学革命は訪れておらず、カルダーノをはじめとして、「自然は生きている」という有機体的自然観（アニミズム）の時代である。このアニミズムでさえ、異端視されていたのに……。自然魔術師たちと学的世界の関連の解明は困難を極める課題である。それゆえ、もし実数ではない「虚数」の公表を自著『アルス・マグナ』でしようと企図したら、よほど勇気が要ったであろう。ただし、コペルニクスの『天球回転論』があくまで数学の書として理解されて異端の嫌疑を免れたなら、カルダーノもそうだったかもしれない。

ここで友人の数学者に登場してもらおう。彼によると、カルダーノの業績（公表者）として、「三次方程式の解の公式に必然的に虚数が現われる」、つまり、「三次方程式の解の導出に虚数が必然的に現われる」という。その利点として、「虚数まで『数』の概念を拡げると、三次方程式のみならず、一般次数（4,5,6……n次）の方程式が解を持つことが示される」（代数学の基本原理）。ここで方程式の理論が完結する（ガウス〔一七七七－一八五五年、ドイツ人、一九世紀最大の数学者の一人〕の業績）。

虚数（iの二乗＝－1）を表わすには「複素数」が必須である。つまり、実数a,bを係数として、1,iの線型結合で表わされる「a+bi」で、これを複素数と呼ぶ。こうして虚数が数学の発展に寄与した功績はとても大きい。それゆえ虚数は数学を考えるうえで円満具足な対象であり、これ以上でもこれ以下でもない。カルダーノもガウスも虚数を語るときには、当時の時代背景に鑑みて、ひょっとしたら慎重だったかもしれない（ガウスの場合は複素数がまだ市民権を得ておらず、学界の偏見にさらされていた）。必要悪という見方もあろうか。科学革命以降、パラダイムの転換は幾度も起こるが、そのたびごとに諸学は「幾多の偏見や宗教」から離れて、学問として自立してゆく。ガウスの時代はまだ無理だったのか。

かつて一六世紀のイタリア半島の数学の流れを調べたときに「イタリア代数学派」という一群の数学者たちの活躍に出会った。カルダーノの『自伝』を読むと優秀な弟子たちを列挙している章がある（三五章「教え子と弟子」）。これまで挙げた数学者たちに加え、近代会計学の父と呼ばれ、レオナルド・ダ・ヴィンチの友人だったルカ・パチョーリ（一四四五－一五一七年）などが代数学派の代表格だったと思われる。

ルカ・パチョーリ

2

さて『自伝』だが、カルダーノは逝去の直前まで『自伝』を書き続けた、というよりも、書き切って死去した、とみたほうがよいだろう。自伝執筆に及ぶにはひとそれぞれの理由があろう。ジェイムズ・オルニー著『自己のメタファー』（一九七二年）では、自伝を二種類に分け

HIERONYMI
CARDANI
DE PROPRIA VITA,
LIBER.

CAPVT PRIMVM.
Patria & Maiores.

カルダーノの『自伝』

ている。㈠自伝を過去の自己と現在の自己を切り離して人生の諸事を語るもの——遠心的で完結的。例えば、ダーウィンやミルの自伝。㈡事後の出来事の経過報告でなく、生活の一部であって表白であり、さらに生活の象徴的回想や完成という生活の全体を表現するもの——求心的で生成的。例えば、モンテーニュやユングの自伝。

カルダーノの『自伝』は㈠と㈡を合わせたものと、私なら解釈するだろう。そして、いちばんの執筆の動機と言えば、カルダーノの最大の関心事が「自分自身」にあったことだ。彼は新大陸発見の素晴らしさ・意義を称えているが、何よりも、自分のことにいちばん興味があったに違いない。自己探究がモチーフである。そして彼は医師・数学者であったから、科学的に自己分析を行なって、迷わずそれを記した。以下の目次をご覧いただきたい。

カルダーノの『自伝』目次

序文　一、故国と祖先　二、出生　三、両親に共通な持ち味　四、今日（一五七五年一〇月末）

に至るまでの生活のあらまし　五、からだつきについて　六、健康について　七、肉体的鍛錬について　八、食生活について　九、功名心　一〇、生活の信条　一一、思慮分別について　一二、討論と教授への愛着　一三、性癖・悪徳・過ち　一四、善行とねばり強さ　一五、友人と庇護者　一六、敵と競争相手　一七、誹謗中傷・名誉棄損・奸策《かんさく》　一八、私の愉しみ　一九、賭け事　二〇、着こなしについて　二一、散策と瞑想　二二、宗教と信仰心　二三、生活の規範　二四、住居　二五、貧困と遺産　二六、結婚と息子たち　二七、息子たちの不幸な運命　二八、たび重なる訴訟　二九、旅行　三〇、危険・事故・奸策　三一、幸運について　三二、勲功　三三、不名誉とそれが夢のなかで占める位置。私の紋章「燕」について　三四、恩師について　三五、教え子と弟子　三六、遺言　三七、天賦の才と夢見る才　三八、五つの天性による救い　三九、博識と想像力　四〇、治療の成功例　四一、奇異な出来事と息子への濡れ衣　四二、医学とほかの分野にみる予見能力　四三、超自然的な事柄について　四四、学問研究と功績　四五、著書――その執筆年代および動機と評判　四六、自己について　四七、私の守護霊　四八、有名人による評価　四九、世事寸評　五〇、座右の銘と息子に寄せる挽歌　五一、私の短所　五二、年齢を重ねることについて　五三、話術　五四、終章

「序文」を除いて全五四章からなるが、四章に普通の自伝の編年体形式をみるものの、あと

ジェローラモ・カルダーノ

はトピックの列挙になっていて、いきなり三六章に、普通の自伝なら最終章に相当するであろう「遺言」が来ている。

どうも、三六章を境にして、前半と後半では言及する内容に相違があるようだ。前半は現実的で具体的な内容が多数を占める。一方、後半は精読するに、いっぷう変わった内容が散見される（三七、三八、四一、四二、四三、四七章）。これ以外にも、タイトルは一般的だが、読むとあれっ？　という章もある。これは前半部も同様で、例えば三二章「勲功」に、カルダーノ理解のうえでとても大切な文面がある。「豊富な知識、数々の旅行、危機、経験した職業、多くの依頼、諸侯との友情、名声、書物、治療や他の機会で示された非凡な才、私のなかで確認された奇妙な、ほとんど超自然的な事柄。さらに守護霊と天啓による認識」とあり、引用文の末尾、私たちには摩訶不思議に映る「奇妙な」という形容詞を付した「超自然的な事柄」、それに「守護霊」と「天啓」とは、いったい何であろう。

これらはカルダーノが肌身に感じた真実であって、事実として彼は『自伝』に書いた。こうした内実を実感するカルダーノ自身、自分という人間が不思議でたまらなかったのだろう。それを書き忘れることなく、記載することに戸惑いはなかった。自分自身を科学者の目で客観的に捉え、ありのままを書いたのである。

3

カルダーノにとって「神」は第一義的存在だった。五三章「話術」で「神」をたくさんの言葉で修飾し称賛している。「守護霊」とは「神の命によって私の許へ送られてきた守り手であり、それは慈悲深くしかもよき助言者であり、逆境にあって私を助け慰めてくれる」存在だ。そして彼は、独りきりになると、この「神と守護霊」を瞑想するという。「天啓」は、英語では、「イルミネーション」で、一種の「ひらめき」を指すようだ。「おびただしい新発見の大部分は、……〝天啓〟の神秘的な力やもっと崇高な源泉に負っている」（五三章）。

カルダーノの『自伝』について書き続けたらキリがないが、ここまでで、彼が科学者であるとともに、いまでいう、迷信的な、非科学的な面をも信じていたことがわかるだろう。即ち、カルダーノの『自伝』だけでなく、その他の、今後取り挙げる一群の「自然魔術師・自然哲学者」たちの脳裡には、中世的要素と近代的要素が混淆していて、それこそがまさにルネサンス文化の「実相（近世）」なのである。時代の大きな転換期であって、両義的な文化現象がルネサンス文化そのものである。

最後に、彼が『微細な事柄について』（一五五〇年）で記した、自然魔術師を地でいった、文言を挙げておく。「人生においてこの上ない歓びと仕合わせは天の深い秘密を知ることと、自然の奥底に潜む神秘、神的精神、世界秩序を探究することである」。

天地照応・感応の思想の下、天界の秘密や自然に潜む神的精神の探究。これこそが、「隠された秩序、生命（霊魂）」の探究と同意である。「隠された」は、イタリア語の「*occultare*, 〜を隠す」の派生語（*occulta*）が英語に入って「オカルト（隠微な）」となった。

一日を昼と夜に分ければ、「夜」の世界に属する考えだ。人間は昼の明るい世界だけでは生きてゆけないのは誰しもが認めるところであり、昼夜相俟って双方補完し合った世界で生活している証左である。

ベルナルディーノ・テレジオ(一五〇九 - 八八年)

——パドヴァ学派

1

テレジオはルネサンス末期、南イタリア生まれの出色の自然哲学者だが、管見によればいまだ彼を専門とする研究者は日本では現われていない。それは彼が北イタリアのパドヴァ大学に学んでおり、北イタリアの知と南イタリアの知の双方の把握者であるという事情もあろうか。

テレジオを事典で引くと、生没年、生地、学歴などの一般的な説明の後に、これは事典の執筆者の意向にもよるだろうが、こう書いてある——「当時のアラビア風理解に影響されたアリストテレス解釈に幻滅してパドヴァを去った」*と。テレジオはギリシア語が堪能だった

*=T・バーギン/J・スピーク編、別宮貞徳訳『ルネサンス百科事典』原書房、一九九五年

ので、ギリシア語原典を読み解くことによって、本来のアリストテレス哲学に出会っていたのだろう。

フィレンツェ大学にギリシア語の講座が設置されたのは一三九七年のことで、東ローマ帝国の言語学者マヌエル・クリュソロラスを師として招いている。テレジオは生まれが南イタリア・カラブリア州のコゼンツァだったから、その地勢学的位置に鑑みてギリシア語の体得は北イタリアの諸賢より容易だったかもしれない。さらに上述の「アラビア風」とは「アヴェロエス主義に染まった」ことを意味している。

「ヨーロッパにたいするアラビア人たちの影響」の*1*で、「アヴェロエス思想の伝播」という図を載せておいた。そこには、アヴェロエスの生地・コルドバから実線で、コルドバ—パリ—パドヴァ、といった流れと、破線で「世界霊魂」を受容した、コルドバ—パレルモ—コゼンツァ、という伝播の二経路を挙げておいたのを思い出していただきたい。いずれにも共通しているのは、終着地点がイタリアの、北のパドヴァと、南でテレジオの生地であるコゼンツァ、ということである。「ヨーロッパにたいするアラビア人たちの影響」の*4*でも触れたように、パドヴァは後年、『天球回転論』のコペルニクス、近代解剖学の祖ヴェサリウスが学び、それにガリレオ・ガリレイが数学科の教授として一六世紀末期に教壇に立った、きわめて伝統のあるパドヴァ大学の所在地である。ガリレイが教授をしていたことで、近代科学の黎明を感じさせるが、話はそう簡単には進まない。

先述の実線はパリを経由してくるが、結論から言うと、アリストテレスへのアヴェロエスの註解を主とした「ラテン・アヴェロエス主義」は、当時のパリ大学神学部教授で、信仰と理性の調和を唱えて正統「スコラ神学」を標榜していたトマス・アクィナスには受け容れてもらえず、教会から異端の刻印を押され(一二七〇年)、パドヴァ大学へと向かった。

テレジオはパドヴァ大学で学び、上記のアラブ的アリストテレス解釈の最たるものである、アヴェロエス的註解を嫌ったと思われる。

2

「ヨーロッパにたいするアラビア人たちの影響」でも記したが、パドヴァ学派の研究が日本でいまだ試みられていないなか、イタリア人の研究者では、ブルーノ・ナルディ*が部分的に参考になる。日本では、亡き清水純一・京都大学名誉教授の論攷がある。本章ではよくまと

＊＝*La fine dell averroismo, in "pensée humaniste et tradition chrétienne aux XVeme et XVIeme siécle"*『一五世紀と一六世紀の人文主義思想とキリスト教伝統における、アヴェロエス主義の終焉』一九五〇年

まっているこの恩師の論文を下敷きにして、パドヴァ学派を俯瞰してみたい。つまり、パドヴァ学派の説明が終わらないと、テレジオを解説するわけにはいかないのである。

さて、一四〜一七世紀の三〇〇年間、パドヴァ、ボローニャを中心とした北イタリアで活躍した自然思想家たち（ポンポナッツィ、ザバレッラ等）がいて、みなアリストテレスを、スコラ哲学とは異なって独自に解釈し続けていた。一般的に彼らはアヴェロエス主義者と呼ばれている。この一群の哲学者たちに反駁を加えたのが、かの桂冠詩人フランチェスコ・ペトラルカであった。ペトラルカは北イタリアの自然思想家たちのアヴェロエス主義の考えに、自己の人文主義を対峙させ、彼らが人間研究という本質を忘却していて、さらにアリストテレス哲学にかぶれている、とまで難詰した。つまり、彼らの学問は饒舌すぎるとまで言ってしまったのである。ペトラルカの自然思想論にも一理あるが、パドヴァのアリストテレス主義者を単なる話が冗長な哲学の徒として、アリストテレス哲学の末期的現象とみなすとすれば、それは明らかに歴史的事実の誤認に相当する。

ただし、パドヴァのアリストテレス主義者の場合、その初期と一五世紀以降の学者の間に、資料面での不具合があって、一括して扱うのには無理がある。考えてもみよ、もともと非ヨーロッパ的なアラブ文化に成育の根を持ち、中世キリスト教からは異端視されて弾圧を受けてきたこの思想の潮流を理解するためには、ヨーロッパ偏重の着想は排除すべきであろう。

3

そもそもアヴェロエス主義の本意は、「ヨーロッパにたいするアラビア人たちの影響」の*1*でも言及したように、カトリック神学の形式にあったのではない。根本問題として、「理性と信仰」、「個別霊魂と世界霊魂」といった二重真理説にあり、この説を単に神学的側面からのみみて異端として片づけるべきではない。パドヴァ学派のひとたちは神学を中心とみる、パリに残ったアヴェロエス主義者と違って、哲学と神学を区別し、各々、対称の位置に置いた。これは最終的に、「理性に基づく哲学的科学思想」と「信仰に基づく神学的思想」とに分岐した。即ち、神学から離れた自然探究を生んだことになる。

アヴェロエス主義は異端的迫害の下、盛期中世では翳りをみせがちだったが、片や、新時代の哲学に清新な息吹を与え、ルネサンス文化に広範にわたって貢献した。とりわけ、一五世紀後半から一六世紀のパドヴァ学派で逸材が輩出している。この時期の哲学者に「ヨーロッパにたいするアラビア人たちの影響」の*6*で取り挙げたピエトロ・ポンポナッツィがいるが、彼はアヴェロエス主義から脱しようとして、「原典第一主義」のアフロディシアスのアレクサンドロス〔二世紀末から三世紀初頭にかけて活躍したローマ帝国の哲学者。古代で最も著名なアリストテレス註解者で「註解者」との異名を持つ。アリストテレスの教説を純粋な形で取り戻そうと尽力した。アテナイに赴き「逍遥学派」〔ペリパトス学派とも言い、アリストテレス学派の初期の段階〕の学頭ともなった。自著もた

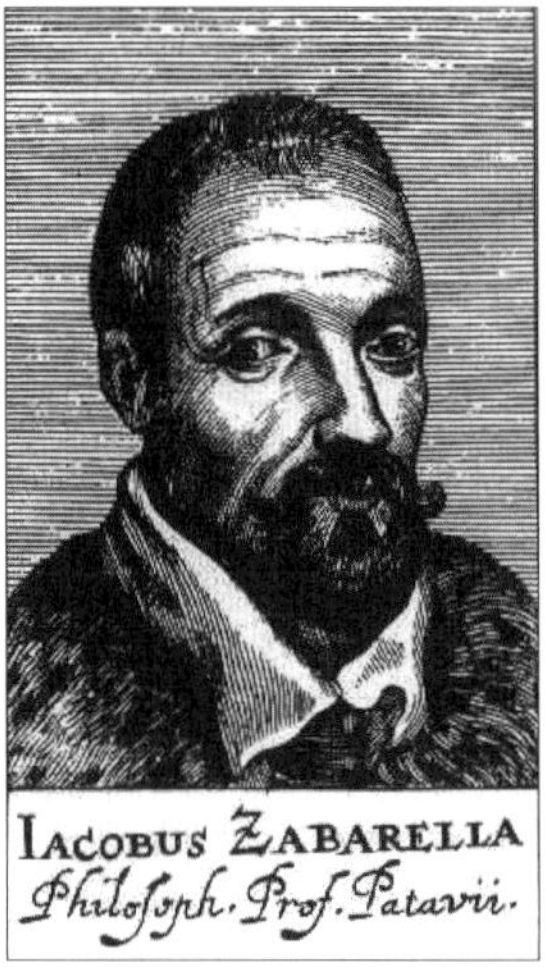

ジャコモ・ザバレッラ

ピエトロ・ポンポナッツィ

くさんある）の註解精神に影響を受けている。そのほか、アゴスティーノ・ニーフォ（一四六九？－一五三九年）、ジャコモ・ザバレッラ（一五三三－八九年）、チェーザレ・クレモニーニ（一五五〇－一六三一年）がいた。

ポンポナッツィの動きでもよくわかるように、彼を中軸としてアヴェロエス主義者がアレクサンドロス主義者の発展に寄与することとなってゆく。ポンポナッツィは、それゆえ、過去の「太鼓叩き」ではなく、新思想の「水先案内人」とみなされよう。やがてアヴェロエス主義は、アリストテレスの自然学の崩壊とともに葬り去られることになる。

テレジオがパドヴァ大学で学んでいた時期はおそらく、アレクサンドロス主義へと移行する時期と重なっており、彼が従来のアヴェロエス主義下のアリストテレス哲学解釈に不快を覚えたのは至極当然だったに違いない。

4

ここで、テレジオの解説は後に譲り、蛇足になるかもしれないが、近代自然科学の成立に貢献した、相対立するプラトン哲学とアリストテレス哲学の攻防について記したい。

まず、本流はプラトン哲学的伝統にある。それならば当然、ルネサンスのアリストテレス哲学は傍流で、近代科学成立にはほとんど役に立たなかったことになるが、ここは説明が要るだろう。観念的なプラトン哲学よりも、個物・具体性重視のアリストテレス哲学のほうが、近代自然科学の元になったのではないか、と。だが、何事も観念のほうが先んずるという規定的な考えがある。例えば、彫刻家は、彫りたいと思う像（形相）が脳裡にできてから、木材（質料）に鑿《のみ》を入れる。数学者も観念のほうが先だという。いくら紙上で計算をしても、「法則」は生まれない、と。アリストテレスもプラトンの理念的な「四元素（火・空気・水・土）」の理論に補足する形として、「第五元素（第一質料：エーテル）」と「熱・冷・乾・湿」の「四特質」を設けて、具現化した。プラトン的観念が先行して存在しなければ不可能だった。

上述の二本の潮流が一つでは意味がなかったことを、そしてルネサンス期が「世界（自然）と人間の発見」という昂揚の精神に充ちた時代であったことも、銘記されたい。ルネサンス末期（いまの歴史学では中世末期＝近世）に興隆した近代科学は双方の哲学がばらばらに孤立して発展したのではなく、新時代の社会生活と、このような時代に生きたひとたちの時代精神の所産なのである。カルダーノ、タルターリァ、そしてガリレイ等の実験精神・経験主義の持ち主と、上記の時代の人間生活の必要性から生み出された精神的地盤を基礎に開花したわけだ。新しい時代の徴候（精神）は、旧なる時代にすでに芽を出しており、近代科学の精神は、もうルネサンス期に萌芽をみているのである。それに聖書の『創世記』第一章二六節の「（神は）人間が他の生物を支配下に置くことを認めている（大意）」という記述が、自然界を管理下に置いてよい、という即物的な思想を生み出すことになった。

これを人間性と社会制度という観点から文学者、伊藤整（一九〇五－六九年）はこう述べている――「古い社会体制が崩れてゆく時には、それまで人間が、それに打ちあたって破ることができない壁と考えていたところの社会制度とか道徳などが、しだいに実力のない弱いものになっていって、制度よりも人間性が意味あるものに思われてくる」（『文学入門』）。

引用文中の「人間性」こそが「近代科学」と等値である。

5

テレジオの思想を解説するまえに、おおまかな結論を述べておこう。テレジオは自然界が、

「熱」と「冷」の反発的躍動で成立している、とみなしている。ここでどうして「熱」と「冷」が取り挙げられているのか、を考えてみたい。

話はプラトン（前四二七 - 前三四七年）から始まる。彼は自然界が（軽い順から）火・空気・水・土の四元素（四大）で成り立っていると定義した。この場合の四大とは、実際の火や水を示すのではなく、火は熱量（エネルギー）、空気は気体（気態）、水は液体（液態）、土は固体（固態）を意味した（ここで「火」だけが人為的なものであることを知ってほしい。山火事などの自然発生的なものを除いて、「火」を熾せるのは人間だけで、「文化」なのである）。弟子のアリストテレス（前三八四 - 前三二二年）はどうやらこれに「不足」を感じ取ったようで、四大を形成する「四つの特質」を考案するとともに、その四つの元となる、第五番目の、最も根源的な第五元素である第一質料（プリマ・マテリア）を設け、これに「エーテル」と名づけた。そして、「四つの特質（熱・冷・乾・湿）」のうちの二つが組となって、第五元素と結合することで、四元素が誕生する、という説を打ち立てた。アリストテレスらしい、具体性を帯びた説で師の四大説を補完したのである。

例えば、第五元素＋熱・乾＝火、第五元素＋熱・湿＝空気、第五元素＋冷・湿＝水、第五元素＋冷・乾＝土、という具合だ。テレジオはこの四特質から、相対立する「熱と冷」を抽出して、その思想の中核とした。アリストテレス研究家らしい哲学の樹立である。

ここで、誰しもが疑問に思う「エーテル」について簡潔に述べておこう。定義とともにそ

クリスティアーン・ホイヘンス

の存在の有無に関する内容となる。即ち、「エーテル」とは実体を特定できない光のようなもので、天界の物質であり、存在の有無も証明できない。確かなのは、上述の四つの特質のうち二つと結合して四元素を生むこと。こうした存在の有無を問うものとして、錬金術成立の主要素となった、アラブの「哲学の硫黄」、「哲学の水銀」を挙げられよう。スイスの医師で錬金術師、「医化学派の鼻祖《びそ》」となったパラケルスス（一四九三－一五四一年）は、エーテルを「塩」として、硫黄・水銀とともに「三元質説」を唱え、精神・霊魂に加えて「肉体」という概念を表明した。一七世紀になると、デカルト（一五九六－一六五〇年）、オランダのホイヘンス（一六二九－九五年）によって、エーテルは光の波動として宇宙に充ちていて、光が伝播するために必要な「媒質」、と考えられた。一九世紀、イギリス・スコットランドの理論物理学者マックスウェル（一八三一－七九年）が、光を電磁波として、波の性質を持つとみなし、エーテルの存在を認知したとされる。海の波の動きがもたらすのが波動であり、音波も空気を媒質としている。ドイツ人ヘルツ（一八五七－九四年）が、マックスウェルの電磁波の研究をさらに発展させて、電磁波の放射の存在を確認し、エーテルは認知されるが、二〇世紀になってアメリカのアルバート・マイケルソン（一八五二-一九三一年）が「光速度測定」からエーテルの存在を否定し、そのおかげでアインシュタイン（一八七九-一九五五年）の「特殊相対性理論」が実証された。アインシュタインによると、真空中の光速はどの慣性系にあっても、光源の運動状態とは無関係にあらゆる向きに一定の値を持つ。これを「光速度不変の原理」といって「特殊相対性理論」はここから導き出されるという。それまでの「ニュートン力学」では、時間はすべての慣性系で同じように進むので、時空の変換法則を変更できなかった。

6

テレジオに関しては、その弟子筋でテレジオの思想の継承者でもあった、私の専門とする、トンマーゾ・カンパネッラ（一五六八-一六三九年）に言及するたびに取り挙げてきたので、もう代表作を翻訳するだけだという気分になりつつある。

テレジオはカラブリア地方の北部に位置するコゼンツァの名門の生まれで、この町では一五世紀半ばに、フィレンツェルネサンスの代表的詩人ポリツィアーノの友人でもあった人物を招いて学校を開いている。そのなかからアントニオ・テレジオ（一四八二-一五四二年）という秀才を出している。彼はテレジオ姓であることからわかるように、ベルナルディーノの親戚筋（叔父）に当たり、ラテン語で詩作をするほどの秀才だった。ベルナルディーノは幼少期、

クレメンス7世

トンマーゾ・カンパネッラ

この叔父に教育され、やがて叔父と一緒にローマに赴き、一四歳（一五二三年）くらいまでローマで過ごしている。一五二六年には、メディチ家出身の教皇クレメンス七世（在位一五二三－三四年）から、「コゼンツァの聖職者」と称えられている。

テレジオ誕生の一五〇〇年代は、前半は盛期ルネサンスと重なるが（ダ・ヴィンチは一五一九年、ラファエロは一五二〇年、マキァヴェッリは一五二七年、アリオストは一五三三年に逝去）、一五六四年に八九歳で他界するミケランジェロを最後に、末期ルネサンスに入ってゆく。テレジオは後期から末期にかけて活躍する自然哲学者である。

テレジオはパドヴァ大学に学び、二六歳のときに学位を取得した。彼はラテン語にもギリシア語にも長けていたので、アラブ人の註釈がなくても、アリストテレスの原典を読めたはずだ。

というより、アヴェロエスなどのアリストテレス註釈を嫌っただろうし、中世以来のスコラ的解釈も退けたに違いない。テレジオは刷新的な自然の見方を模索していたのである。

7

テレジオはアリストテレスについてさらに教えを乞うために、ブレシア(北イタリア・ロンバルディア地方の都市)出身のパドヴァ大学哲学科教授であるヴィンチェンツォ・マッジィ(一四九八-一五六四年)を訪ね、議論をかわして自分の見解に自信を抱くにいたる。テレジオは、アリストテレスの原典の研究家であるマッジィに、自分のアリストテレスの「読み」の正統性を問うたに違いない。

ルドヴィーコ・アリオスト

一五六五年、『その固有の原理による事物の本性について』(以後、『事物の本性』と略記)初版をローマにて刊行した。その序文にマッジィへの賛辞が書かれている。マッジィ訪問後、二年経ってのことである。

実際、かくも優れたひとたち、多くのひとびと、人類の全人種が、なぜ何世紀もの間、これまでおびただしくかつ重要な問題にたいして誤りを犯してきたアリストテレスを褒め称えて来たのであろうか、と思われる。しかし私はアリストテレスについて議論をかわすためにブレシアのマッジィ氏を訪ねる好機に恵まれた。氏こそ、周知のように、卓越した哲学者で、その高邁な精神に関して長い間、私の知るところであった。（『事物の本性』第一巻、序文）

テレジオが正統性を主張するのは、みずから考案した二項対立形式の「熱と冷との反発」の雛型が、アリストテレスの『生成と腐敗について』にあったからである。それを再確認するとともに、質料と形相に関するアリストテレスの見解に異論を唱えている。つまり、自然とは、質料と形相で把握することはできず、「感覚（知覚）」で受容可能なるもの、という説を立て、その起動因となるのが「熱と冷」と定義づけている。「感覚」を第一義とする思想を生み、これは後年、カンパネッラに『事物の感覚と魔術について』（一六二〇年刊行）という著書の執筆を促すことになる。

「熱」と「冷」とが、事物の主たる起動因の原理であり、この二つによって揚棄がなされ、宇宙が両極端の関係にある物質で占められ、またその占める物質がつくられるのである（『事物の本性』第一巻第四章）。

ところで、第一の原理「熱」と第二の原理「冷」の存在それはそれでいいとして、その活動の場はどこにあるのか。テレジオは第三の原理として、二つの原理が動ける「場」を考案する。「場」とは不活性な物質的塊で、不動でみずからは作動する力を持たない。「熱」と「冷」は、この「場」(の上)で起動するわけだ。すると、場の上には「空間」が生じるのがおのずとみえてくるし、「時間」の概念もやがて視野に入ってくるだろう。都合四つの原理が出現する(このことがニュートンの「万有引力の法則」の発見の一助となった、と言うひともいれば、それこそが最後の錬金術師と呼ばれたニュートンがエーテルの存在を証明したものだ、と言うひともいる)。

8

霊魂に関しては実体があるとみなして、事物のなかに包まれている「種子」から派生するとしていて、きわめて唯物論的な霊魂説と映るが、やはり、霊魂を持ち出してこなくては立論できないのか、ともどかしい。これらは前述のように「感覚」による経験で感知するものであって、感覚知こそ第一義とする理念を生んだ。霊魂種子説と感覚知による自然認識は、見方によっては近代的な経験重視の唯物論ともうかがえる。しかし、自然のなかに「霊魂(生命)」を探ろうとする姿勢はアニミズム的な自然魔術の域を出ていない。即ち、有機的一元論である。テレジオは実験も観察も行なわず、机上でこれらの思量に終始した。

テレジオは一五七〇年に改訂版『事物の本性』（初版とほぼ同じだが、「海について」、「空に生じるものと大地の運動について」、「色彩の生成について」の、自然学の三本の論攷が付加された）を、一五八六年に三訂版（決定版）をナポリにて刊行している。

一五六六年、テレジオは故郷コゼンツァに「コゼンツィーナ学院 *Accademia Cosenzina*」を設立して、自然学の研究を続けた。ジョルダーノ・ブルーノ（一五四八－一六〇〇年）やカンパネッラなど、南イタリアの知識人にとって勉学の大きな支えとなった。

イングランドのフランシス・ベーコン（一五六一－一六二六年）がテレジオの唯物論的経験主義を評価して、「最初の近代人」、「真理を愛する者であり、……新しい者たちのなかで首位に立つ者」と称揚しているが、「霊魂種子説」は評価の外に置いている。カンパネッラこそがテレジオの思想の後継者で、師の思想の確立、普及に貢献した（カンパネッラの思念など、テレジオの理念の枠を所詮超えられなかった、と酷評する者もいるが）。カンパネッラはフィチーノが翻訳した、プロティノスの『エネアデス』（新プラトン主義）の水脈のうちにあって、新プラトン主義の形而上学に近いところにいた。つまり、若きカンパネッラはテレジオの著書を精読しているうちに、師の自然学の対象を素直に受容した。これは感覚知に加えて、テレジオの唯物論的な形而上学をも引き継いだことを意味する。

テレジオ出現の意義は、ルネサンスの思想傾向が、もはや初期の倫理問題から離れて、人間ではなく自然や宇宙へと関心が移動したことを示している。むろん宗教改革の影響もある。

南イタリアでは、一二世紀にスペインのコルドバから、アヴェロエスの「世界霊魂」の思想が入ってきており、テレジオよりもむしろカンパネッラのほうがこれを受け継ぎ、個人霊魂を超えた自然界の万物にも、霊魂が宿ると「感覚」した。いわゆる「共通感覚」である。

テレジオ没後、その影響は南イタリア全域に拡がって多くの研究者を輩出した。わけても最高の研究者は、南イタリアではないが、フランシス・ベーコンであるのは言うまでもない。

ジャンバッティスタ・デッラ・ポルタ（一五三五？―一六一五年）

1

デッラ・ポルタに関して邦訳で読めるものは、いずれも抄訳（拙訳）だが二冊ある。『自然魔術』と『観相術』（邦訳名『自然魔術 人体篇』）である。ここではこれら二作品を、詳細に論じていこう。というのも、両著とも、一六世紀後半から末期にかけての（南イタリアの知識人の）自然観や人間（人体）観の表出であって、近代科学出現以前の自然観や人体観を見事に語っているからである。現代の私たちからみれば、摩訶不思議な発想で生物の誕生に言及していることに、一瞬首を傾げ、その後、私たちも似たような方法に思い当たったり、「観相」の対象が顔だけではなく、人体全身に及んでいたりすることに驚嘆する。

まず、デッラ・ポルタの「～術」ものを、その決定版の刊行年を中心に列挙してみよう。

『記憶術』一五六六年

ジャンバッティスタ・デッラ・ポルタ（1535？－1615年）

ジャンバッティスタ・デッラ・ポルタ

DELLA
MAGIA
NATURALE
DEL SIGNOR
GIO: BATTISTA
DELLA PORTA NAPOLITANO
LIBRI XX.

In questa nuova Editione migliorata in molti luoghi, che nella prima stampa si leggevano scorrettissimi, Accresciuta d'un Indice copiosissimo, e del Trattato della Chirofisonomia non ancora stampato,

Tradotto da un Manoscritto Latino
DAL SIGNOR POMPEO SARNELLI
Dottor dell'una, e l'altra Legge.
L'ordine de'Libri l'havrà il Lettore nella pagina seguente.

In Napoli, Appresso Antonio Bulifon. CIƆIƆCLXXVII.
Con licenza de' Superiori, e Privilegio.

『自然魔術』イタリア語版（1676年）

『自然魔術』一五八九年
『天界の観相術』一六〇三年
『観相術』一六一〇年（七五歳？）
『手相術』一六七七年（没後刊行）
『奇蹟術』未刊行

これらの「術」の意味するところは「魔法」、「手品」の類ではなく、「探究」を指す。この伝でいくと、「自然魔術」は「自然探究」であり、この「探究」は「知識・知見」の意味をも帯びて、「自然にたいする（関する）知識・知見」と結論づけられる。飛躍すれば「自然観」ともなろうか。この場合の「自然」がどういうものなのかが肝要で、当時の自然観を探る契機を与えてくれる。デッラ・ポルタはガリレイとも親交があって、このあたりの錯綜した知的関係は興味が尽きない。今回は、『自然魔術』を検討してみよう。

2

『自然魔術』は当初、デッラ・ポルタが二三歳？（一五五八年）のとき全四巻として刊行したものを、三一年後の五四歳？（一五八九年）に、全二〇巻へと増補して刊行した。いずれも彼の生地、ナポリにて、である。この間、彼は、序文にもあるように、研究のためカラブリア、シチリア、ヴェネツィア、フランス、スペインへと渡り、各地の職人や知識人を訪ねて、新規な知識の収集に努め、自然現象の書籍も渉猟した。読者諸賢におかれてはこのような知見を広める旅がどうして可能だったたか、疑問に思うだろう。まず、路銀（旅費）をどうまかなったのかが、下世話な話になるが、私には気になる。

デッラ・ポルタ家は代々ナポリで海運業を営む名家で金銭的なゆとりがあった。デッラ・ポルタは四人兄妹（男は三人）のうち、次男で、兄も弟も優秀な人物で、二人からの感化が大きかった。こうした知的刺激の豊かな家庭で成長した彼が、旅に旅を重ねて、職人から「技」を学び、自然観を論じた書物から自分なりの自然観を練り上げていったことに、何ら不可解な点などうかがえない。むろん、当時（ルネサンス文化期に）支配的だった自然観から抜け出せていないのはいなめないが。逆を言えば、それだからこそ貴重な書だと言えよう。一種の奇書であるが、近代以降の、私たちが依拠する「科学哲学」の自然観を離れ、当時の「自然哲学（自然魔術）」の自然観を、偏見なくみれば、得心の行くことも多い。「科学哲学」の視点だと、いずれの主張も奇妙奇天烈で受容しがたいだろうが、ここは現代の視座を棄てて、ルネサンス末期の自然観を色眼鏡をかけずに、凝視する必要がある。

3

それでは、刊行後すぐにベストセラーとなり、各俗語にラテン語から翻訳された、全二〇巻の題目を挙げてみたい。

第一巻「素晴らしい事柄の原因について」、第二巻「さまざまな動物の生成について」、第三巻「新しい植物の産出について」、第四巻「家財を増やすために」、第五巻「金属を変えることについて」、第六巻「偽金作りについて」、第七巻「磁石の不思議について」、第八巻「驚くべき治療について」、第九巻「女性を美しくすることについて」、第一〇巻「蒸留について」、第一一巻「芳香について」、第一二巻「火薬について」、第一三巻「鋼鉄を強化することについて」、第一四巻「料理術について」、第一五巻「魚釣り、野鳥狩り、狩猟ほかについて」、第一六巻「不可視な筆記について」、第一七巻「奇妙なレンズについて」、第一八巻「静態的な実験について」、第一九巻「空気作用による実験について」、第二〇巻「カオスについて」、以上である。各巻にはみな「読者への序文」が付されている。

最終巻名が「カオスについて」というのは、実質的な内容は現代的な意味での「カオス」ではないが、いかにも象徴的な色合いを感じる。金属を「変えること」や「偽金作り」などは一見、錬金術を思わせるが、デッラ・ポルタは錬金術に好意的ではない。また「女性を美しくすることについて」の巻では、化粧や髪型、それに皺や失った処女の再生術まで、幅広く扱っていて、時代を超えた女性への想いが垣間見られる。

4

さて、本書が近現代で評価される巻は、第七巻「磁石の不思議について」と、第一七巻「奇妙なレンズについて」にある。「磁石」に関してはいまでも通ずる、N極、S極の存在と、一つの磁石を二分しても両者にきちんとN極とS極が存在すること、同極同士は反発するが、異なる極は接近・付着することを、図示しながら雄弁に語っている。

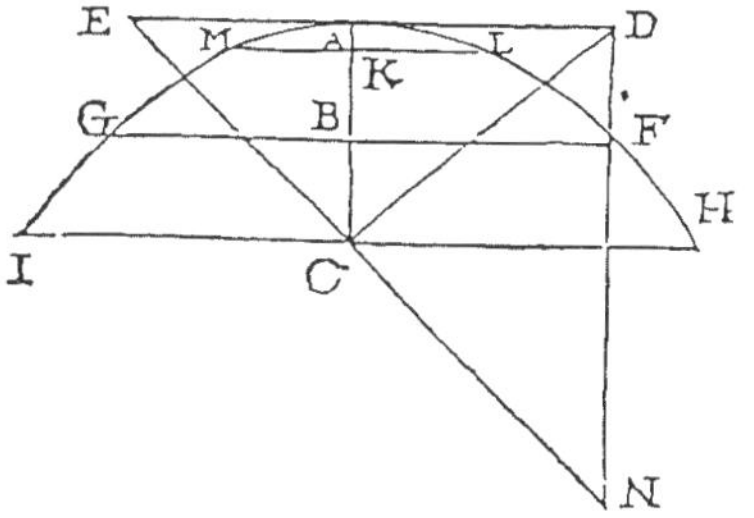

「パラボラ・レンズについて、すなわちあらゆるレンズのなかで最もよく燃えるレンズについて」から

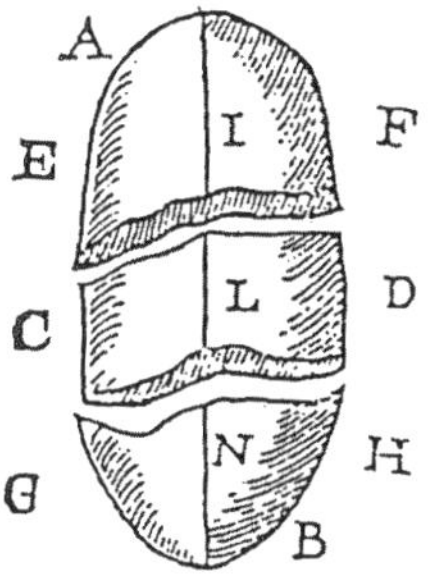

「磁石のなかの南北両端の線は安定しているのではなく動的である、ということ」から

また、「レンズ」についての巻では、凹凸レンズや、スマホで写真撮影が可能となった昨今では忘れ去られたと思われる、「暗室（イタリア語でカメラ・オスクーラ）・暗箱」の発明について記述している。私の青少年期には、まだ、直方体のカメラがあって上からレンズを覗いたものだ。その箱（暗箱）の底にレンズがあって、被写体が逆様に写し出された。写し手は下を向いてシャッターを切った。これが、のちに普及した形のカメラでは、覗きのためのレンズが（たいていカメラの）左上にあって、その「暗室」で被写体を捉えてシャッターを切った。カチャッという小気味よい音がした。ペンタックス等の一眼レフのカメラではガチャッという濁った音が、被写体をがぶりと呑み込んだという印象を与えたものである。

ちなみに、日本で最初に（銀板製の）「写真機」を試作したのは、「近代化学の祖」と目され、緒方洪庵（一八一〇－六三年、「近代医学の祖」）と江戸の坪井信道（一七九五－一八四

川本幸民

八年）主宰の安懐堂で同輩だった、現在の兵庫県三田市（三田藩・九鬼家）出身の蘭学者・川本幸民（一八一〇－七一年）である。洪庵の陰に隠れてしまって忘れ去られている嫌いがあるが、膨大な量の翻訳書を、分野を問わずに残した人士で、中国に古代からあった「化学」という語を、最初に現在の「化学」（オランダ語の chemie の音訳語「舎密《セイミ》」と言われていた）の意味で用いた人物で、『遠西奇器述』（〈遠い西＝西欧〉の〈奇＝優れた〉〈器＝機械や道具〉について〈述＝述べる〉）という翻訳書のなかで、ビール、マッチ、蒸気機関車、電信機などを日本で最初に紹介して実作もし、さまざまな技術にも長けていた（ビールを最初につくった人物として著名である）。またこれも翻訳書だが蕃書調所で教科書として重宝された『化学新書』（一八六一年）も名著である。幸民は一八五九年に蕃書調所の教授になり、最終的に洋書調所（一八六二年）の教授をも務めている。福沢諭吉（一八三五－一九〇一年）が尊敬する人物として『福翁自伝』で、洪庵、杉田成卿（一八一七－五九年、杉田玄白の孫、蘭学者）、それに幸民を挙げている。洪庵は優秀な弟子に恵まれたが、幸民の場合は普通、橋本左内（一八三四－五九年）、松木弘庵（のちの外務卿・寺島宗則、一八三二-九三年）を挙げることが多い。幸民が著わした書が明治期、理科の教科書として使われたと伝わっている。卑見だが、『自然魔術』を横断的知の世界とみた場合、この中身が理科の教科書に映るのだが、いかがなものであろう。

デッラ・ポルタのレンズに関する功績は上記の「暗室」の発明であり、ガリレイより先に望遠鏡（筒眼鏡）をつくったとも主張している。

さらに彼は、一五六〇年、ナポリに「自然秘密学院」を設立した。「秘密」という言葉がきわめて重要である。前章で述べた、テレジオが「コゼンツィーナ学院」を創設したのは、一五六六年だったから六年後に当たる。こうした「学院」からは、やがて「秘密」の文字が消えてゆき、「リンチェイ学士院」（一六〇〇-三〇年）、「チメント学士院」（一六五七-六七年）など、近代科学の研究機関の先駆となっている。デッラ・ポルタはガリレイとともに、リンチェイ学士院の会員にもなっている。

ただ、やはり「秘密」が気になる。これは「公開」の逆で、「隠微な＝オカルト」を指す。デッラ・ポルタの自然観が、自然を「あるがまま」にみても、その奥に「霊魂」の存在を求める「オカルト」なものであったこと（アニミズムの有機体的自然観）がわかる。

エンペドクレス

デモクリトス

5

『自然魔術』の近現代的意義の次に、最初の三つの巻について、考えてみたい。

第一巻第二章「魔術とは何か」で、デッラ・ポルタは魔術を、降霊術や呪術の類の「黒魔術→悪霊魔術」と、優れた人物や賢者たちが容認し、絶賛する「白魔術→自然魔術」とに二分している。自然魔術師の祖に相当する人物として、ピュタゴラス（前五八二-前四九六年）、エンペドクレス（前四九〇?-前四三〇?年）、デモクリトス（前四六〇?-前三七〇?年）、プラトン（前四二七-前三四七年）を挙げ、「隠微な知識に精通した人たちは自然魔術をいたって高く評価し、自然学の完成とみなす」と、「隠微＝秘密」であることをきちんと書いている。そして、「下なるものは上なるものに従い、地上のものは天上のものに屈する」という天地照応・感応の思想（新プラトン主義）を述べている。ここでの自然観はこれまで触れてきたように、自然に霊魂が宿り生きている、という有機体的自然観（アニミズム、多神教、自然と人間との調和）である。ほかに、『自然魔術』という書の根本的自然観と、「親和力」で結ばれる「共感魔術」についても語られている。

続いて第二巻（動物）の序文では、第三巻（植物）の内容も俯瞰しうる文章に出くわす。即ち、「動植物の生殖には、性交・無性交の二通りがある」として、性交はともかくとして無性交での誕生が「腐敗」から始まる、とし、「腐敗こそ、多様な単一体のみならず混合体も含めた新たな創造物を生み出す原理だからである」と雄弁に主張している。

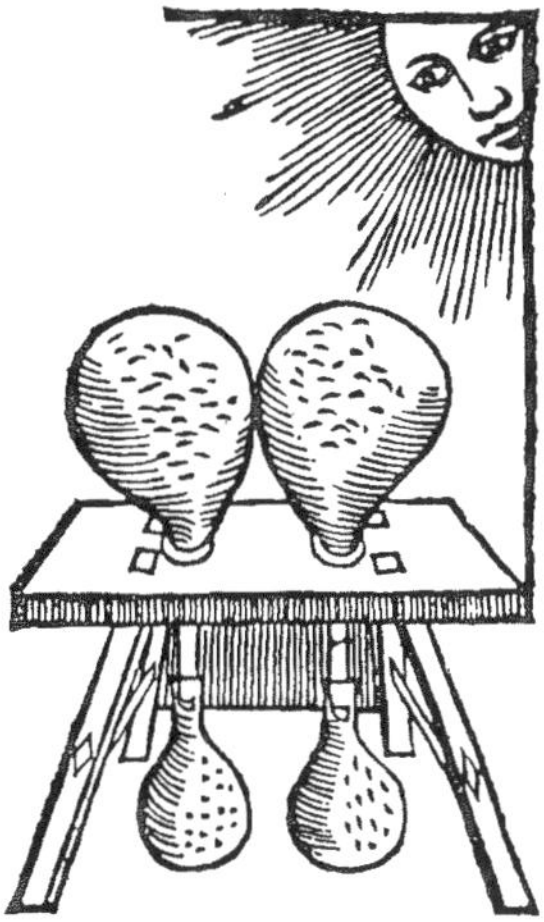

「太陽熱で乾燥・刺激する方法」から

第二巻の動物篇ではその第一章で具体的に、「土が多くの場所で硬くて柔らかい、両方の状態で放置されており、太陽の熱で乾燥・刺激を受け、ある種の液を出し、……この液のなかに多くの腐敗物や、ある小さな皮で覆われた腐った土塊が含まれている。

この腐敗物が夜露で湿り、日中は太陽で熱せられ、ある季節がすぎると熟成するのである。そして皮が破られてあらゆる種類の生物（動物）が出てくるのである」と述べている。この文面は近代科学の発想とは食い違い過ぎるが、例えば、米や野菜づくりに人糞を肥料としてまいていたとき、人糞は腐敗物であり、腐敗は何某かの生き物が発生することの一助となっているので、あながち棄てたものではない。ただ、動物となると、いささか首を傾げざるをえないが、大地（土：冷・乾）、太陽（火：熱・乾）、液体・夜露（水：冷・湿）と主要な元素や特質が出そろっているので、当時の発想としては正統派に属するであろう。

性交の事例として、第一七章で、「人間の奇形（児）」の誕生を記している。近代医学以前の人物が考え抜いたもので、科学の未発達を示す典型的な例であろうか。三点挙げている。

㈠異常な性交か愛情のない性交による。この際、精子がしかるべき正しい位置に運ばれなかったから。

㈡子宮が狭い場合。この折はその狭い子宮のなかに胎児が二人できてしまうが、幅にゆとりがなく、圧しひしがれながら生育していくから。

㈢婦人の子宮のなかに、胎児たちが間隔を置いて識別されるよう自然によって形成された、分割せんための薄い膜が癒着しているから。

素朴ながらもうがった考察で、その推論力は感嘆に値する。

第三巻の「新しい植物の産出について」では、発生の方途は動物と同じく腐敗だが、ここでのデッラ・ポルタは、「新しい」にこだわっている。一種の「地面(大地)論」と見受けられる。それによると、地面は旧なること不毛なることは決してなく、「あらゆるところで新しい種を受けて新種を産出するようにおのずと肥えている……稔り豊かであることに充足せず、恒久的に産出していく。そして自然があらゆる面で秀でたものであるならば、何よりも植物においてすぐれていると思われる」(「序文」)。これは豊穣信仰をべつの形で述べたもので、自然崇拝とも、自然は生きていると記している、とも取れる。

6

今回の参考文献で挙げた『自然魔術』の版元は講談社(学術文庫)だったが、「親本」が存在している。それは青土社版、一九九〇年の『自然魔術』であり、この翻訳を若輩の私(当時三五歳)に勧めてくださったのが哲学者、中村雄二郎・明治大学名誉教授(一九二五-二〇一七年)だった。その際、親本に寄せてくださった導入的な文である「今なぜデッラ・ポルタなのか」(三〇枚前後)も文庫版に収録したかったのだが、氏の行方がなぜか、長年おつき合いのある版元に尋ねてもわからずじまいで、結局(許可が取れないので)省くことになった。たいへん残念だった。そこで『観相術(邦訳名/自然魔術 人体篇)』に入るまえに中村氏の上記の論攷を簡潔に紹介したい。

氏のこだわりは、デッラ・ポルタの生地である、ナポリという「南型の知」に根差していて、当然「北型の知」との対比に論が及ぶが、そのまえに「ルネサンスの自然哲学は、ある意味ではスコラ哲学の質的自然観を離脱したものの、量的自然観には達せず、かえって世界について魔術的な概念（ヘレニズム文化の知）を多く採り入れ、学問化し、欲求と観念の結合を事物の法則とすることによって、みずからを出口のないものとした」（「今なぜデッラ・ポルタなのか」中村雄二郎、青土社、一九九〇年）という前提事項を置いている。ここでの「魔術」とはアニミズムと解してよいだろう。つまり自然界を量的に、縦・横・高さの延長に還元すれば、それは質的なものの排斥であり、片や、精神と物体がその成立過程を異とするなら、ガリレイの数学論的自然観やデカルトの機械論的自然観も、精神にたいして無力であることになる。こうした観点から、ルネサンス文化に接続する形で近代科学が成立するのではなく、その間に「自然魔術」という質的自然観の存在を認めている。

そして氏は「南型の知」の有効性を訴える。それは、近代科学・プロテスタンティズム・資本主義といった「北型の知」にたいして、普遍性・象徴主義・パフォーマンス（実演・演技）といった「南型の知」で、換言すれば、共通感覚（ここでは「常識」の意味ではなく、身体論的な「五感の統合様式」を指している）・演劇的知・魔術的自然観（アニミズム・自然と人間の調和・質的自然観・マクロコスモスとミクロコスモスの対応と照応）として、この世界・宇宙が生きている有機体であることを訴え、私たち一人一人がコズミックな感覚を持つことを強調している。その他、紹介したいさまざまな貴重な見解を氏は教示しているが、最後にデッラ・ポルタが「喜劇作家」としても著名であったことに触れている。彼の喜劇作家としての位置づけは、「学的喜劇作家」の最後であり、また次に登場する「喜劇〔コンメディア・デッラルテ *commedia dell'arte* ／即興仮面劇〕」の先駆者でもあった。二九篇の喜劇、三篇の悲劇、一篇の悲喜劇を残している。

7

『観相術〔人間の人相について〕』全六巻決定版は一六一〇年、イタリア語で出版されている〔初版一五八六年、全四巻〔ラテン語〕、改訂版一五九九年、全六巻〔ラテン語〕〕。完成版の内容は、以下のとおりである。

第一巻：観相術に関する古代の哲学者の見解を端緒にした基礎・理論篇。

第二巻：頭部・顔の各部・足や脚・乳房・恥部など身体の各部論。「身体の各部より得られる固有と呼ばれる徴《しるし》を論じよう〔序文〕」。

第三巻：目について。「目を扱うことは観相学のなかでも最大にして最重要な作業である〔序文〕」として、目をたいそう重要視している。

第四巻：毛髪などについて。「体毛、肌の色、肌、身のこなし、体格といった身体各部の残りの部分〔序文〕」。

第五巻：容貌について。例えば、人間の善悪などが顔に顕われる、といった内容に言及している（序文）。

第六巻：さまざまな悪い性格を善い方向に直す方法について（序文）。

第二巻から第六巻までに「序文」を付している。

本書のテーマには二つの大きな特徴が垣間見られる。その一つ目は、アリストテレスの『動物誌』第一巻第九章にある人体の外部論があり、また『小品集』に「人相学」を入れていることである。デッラ・ポルタはアリストテレスの観相学を踏襲しつつも、さらに彼なりに深めていることである。その二つ目はルネサンス文化の一大特徴である、マクロコスモスとミクロコスモスの対応・照応の思想であって、これをアリストテレスは、動物と人間の類推《アナロジー》に転化させている。

8

アリストテレスの観相学の理論面は「人相学」に記されている。まとめてみると、ある動物にはその固有の「形態（外）」と「気質（内）」がある。その動物に詳しいひとはその気質を外形から見抜くことが可能で、ここに「人相学」の誕生をみる。つまり、気質を外形（身体）の特徴から考察するのが、人相学ということになる。そこで身体が「霊魂」と共感関係にあるから、気質も霊魂の影響を受ける。

それではデッラ・ポルタにとっての観相術とは何であったか。「観相術」について「定義」めいた文面を列挙してゆこう。

・「観相術とはつまり、身体に宿る特徴や偶発的な出来事によって知りうる知識のことで、霊魂の生来の特徴もこの偶然の仕儀で顔面に顕われて判明するのである」（第一巻第三〇章）――アリストテレスの説を踏襲している。

・「私たちはこれまでに、霊魂と肉体がその性情において相互にいかにして変容するのかを、その徴を通して霊魂の性向を知ることができることを明らかにしてきた」（同上）――極論すれば、霊魂の性向を知ることを観相術の主眼とみなしている。

・「これまで私たちは、いかなる方法で観相術が身体のなかにみられる徴から推測して霊魂の性向を認識してきたかを述べてきた」（第二巻序文）――ここで、身体のなかの徴を認識して霊魂の性向を知ることが観相術の方法である、と述べている。

・「すでに五巻までで、霊魂より深く隠れたところにある特性をいかにして身体の徴から調べられうるかを、十分に示してきた」（第六巻序文）――霊魂への傾斜の度合いが強まってきていて、アリストテレスと多少異なってきているのがわかる。アリストテレスの場合は、外から気質の特徴を見抜く、というものだったが、デッラ・ポルタのほうは、身体の徴（内）から霊魂の性向を読み解くことが第一義であって、霊魂重視こそが彼の観相

オオカミとヒトの口の相違を比較せよ

雄山羊の口と、それに似たヒトの口

斜視のヒトと雄牛の目

山羊とフン族のアッティラ王

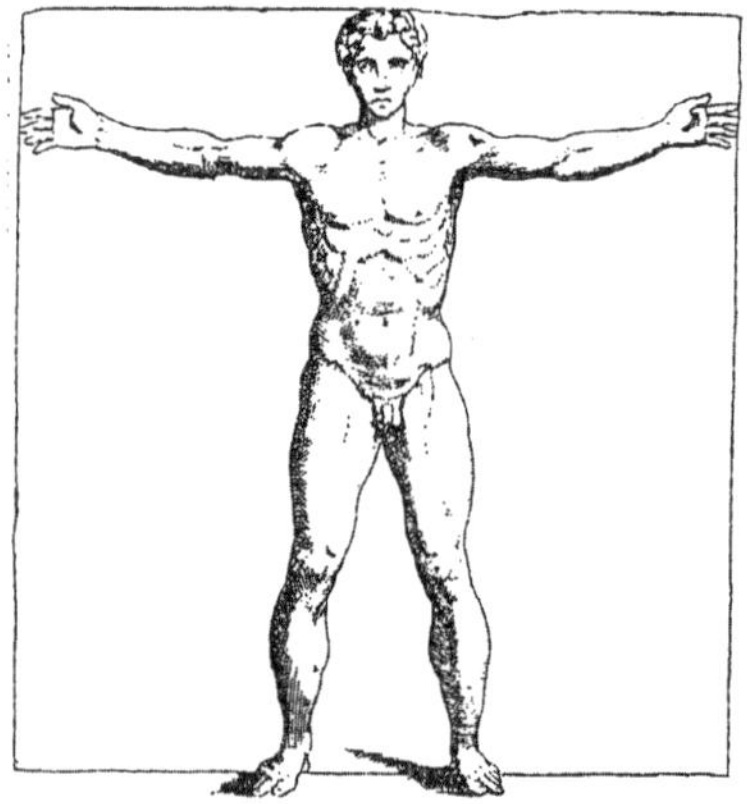

人体（開脚開腕）——正方形の図

ジャンバッティスタ・デッラ・ポルタ（1535？-1615年）

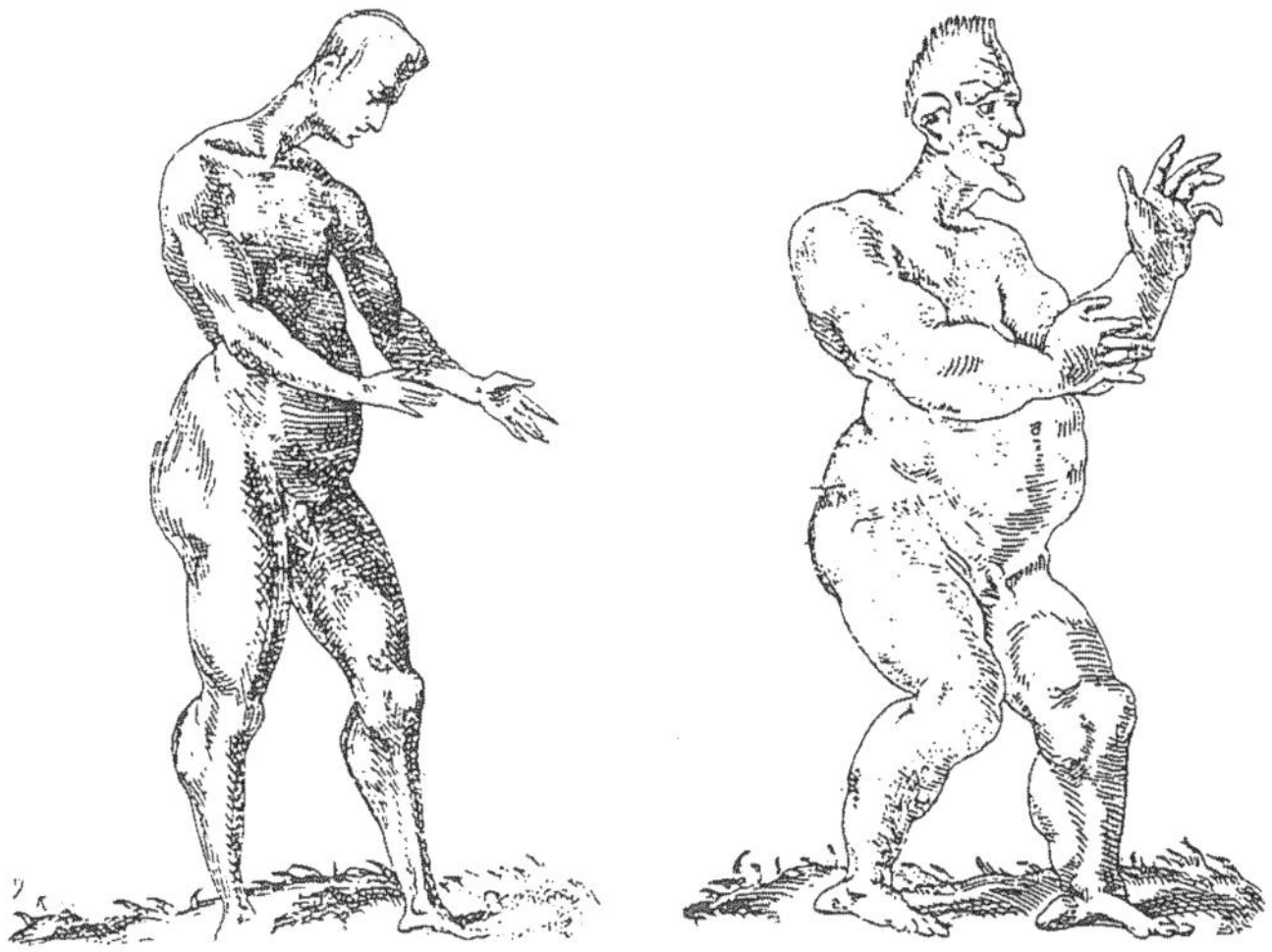

右：野獣的狡猾の男。左：最悪の性質の人

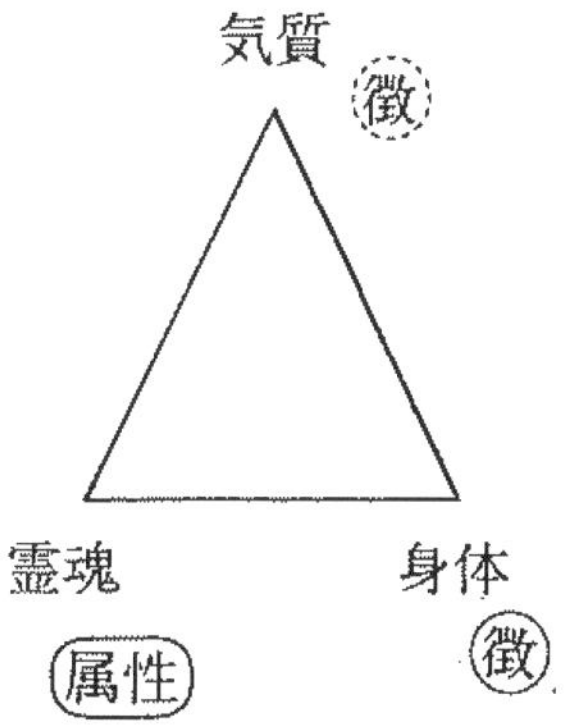

アリストテレスの観相学の理論図

術なのである。

その「霊魂」だが、人間の霊魂は「至高なる神が肉体に宿る折に特質を受ける」（第一巻第一九章）とある。星界からではないのである。霊魂は胚質から気質を受け、「完璧で霊的な神の手で創られた霊魂は肉体を活性化させる」（第一巻第二〇章）。ともあれ「霊魂」第一主義に立っている。

9

ここまで「徴」について書いてきたが、「一定の徴を有している動物はみな一定の特性を有しており、徴のない動物は特性も持っていないのである。即ち、一定の徴こそが固有の徴なのである」（第一巻第三二章）。「徴」と「特性（気質）」との緊密な関連性が見受けられる。

例えば、ライオンの裡に「強さ」を見出せば、ライオンとのアナロジーの表象としての徴を探せばよい。人間の男性のなかにも、ライオンのアナロジーとしてそれは見出せる（第一巻第二六章）。

それでは「徴」そのものを、「心臓の気質の徴はいかなるものか」を例に挙げてみよう。

熱である心臓の徴は呼吸となって吐き出される息の量も多いし、脈も回数が頻繁であ

ジャンバッティスタ・デッラ・ポルタ（1535？-1615年）

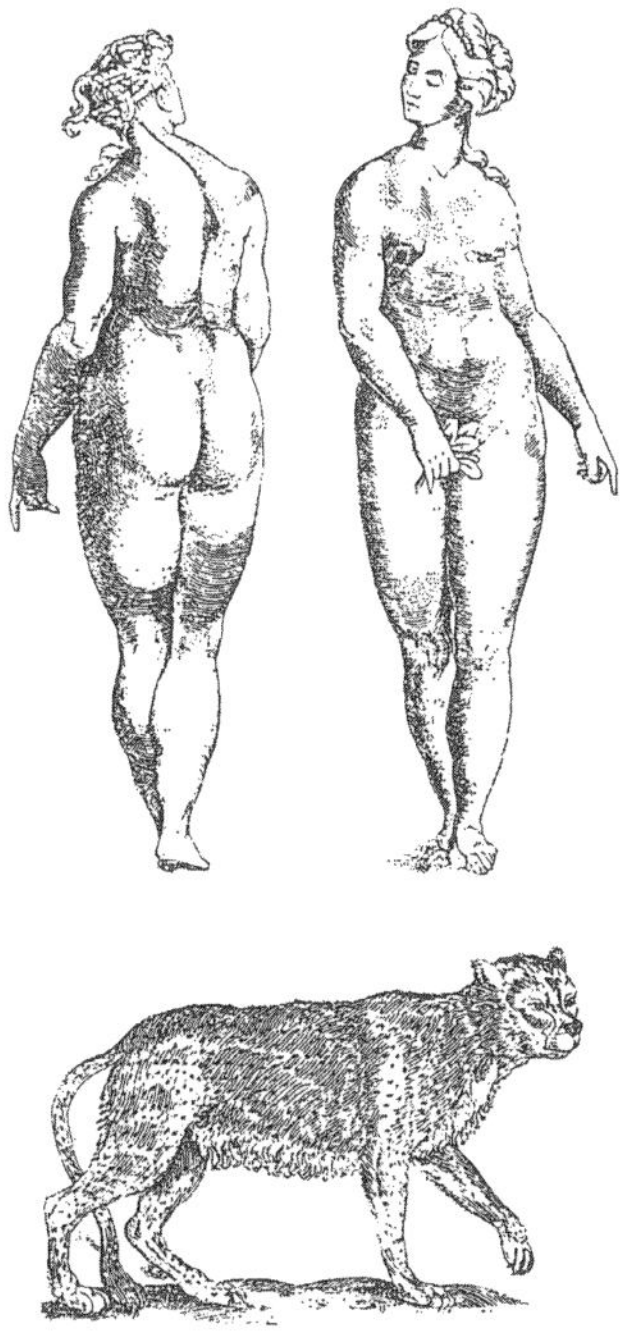

女性正・背面図と女性の各部と似ているヒョウ

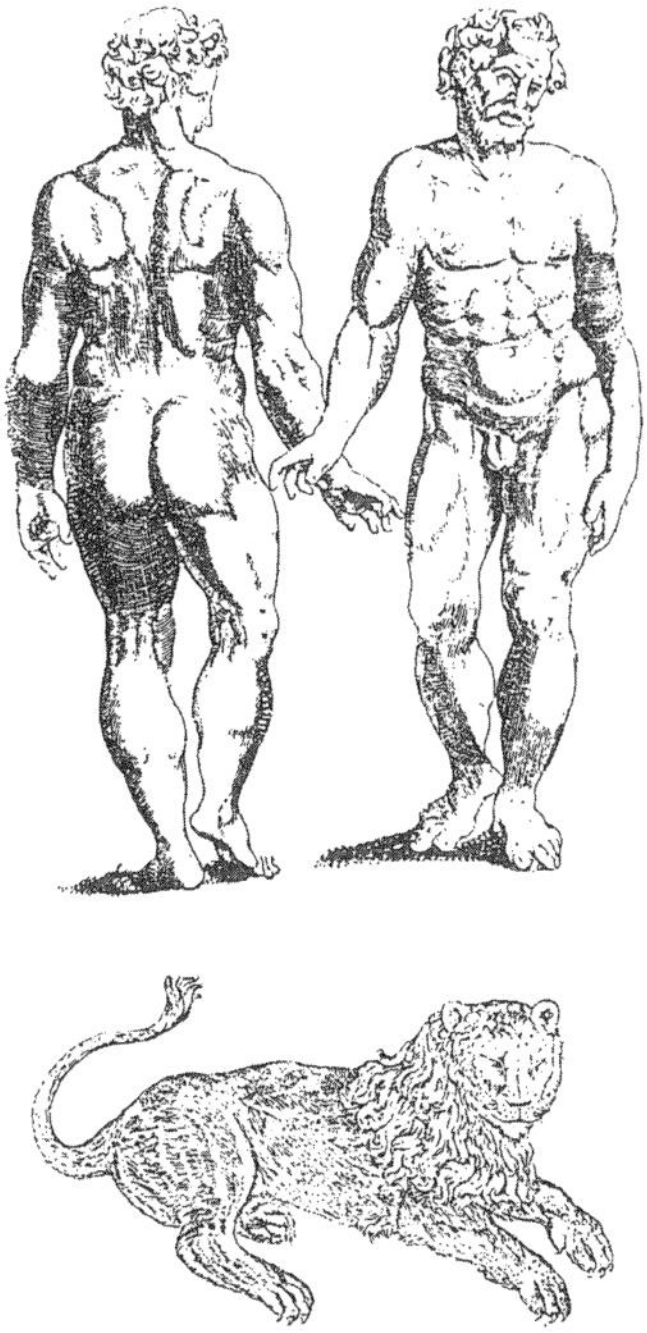

男性正・背面図と獅子図（ヒトの各部と比較せよ）

る。大胆で、仕事とのうえでは用心深く機敏でもある。必要以上に熱い場合、激昂したり怒気のこもった厳格な態度を取るものである。胸は毛深く、わけても腹のあたりは濃い。脳によって冷却されなければ、胸幅は広い。小さな顔、幅広い胸は心臓の熱の主たる徴である（第一巻第七章）。

こうした「徴」を元にした考えは「徴表論」と言われており、スイスの錬金術師・内科医で「医化学派」の始祖パラケルススが唱えた説である。この説にはアナロジーが根底にあるだろう。

最後に一言、私ごとながら付言しておきたいことがある。私が7で取り挙げたデッラ・ポルタの翻訳刊行時、学術的世界では「身体論」が盛んに論じられていたが、内部疾患のある身体障がい者である私からすれば、その論が不十分に思えてならず、朝日新聞（一九九九年一二月二一日・夕刊）に以下の文章を寄せた。「身体を論ずる哲学者はみな健康で、それゆえ『肉体』をなおざりにしているのではないか（大意）」と。

ジョルダーノ・ブルーノ（一五四八 - 一六〇〇年）

1

ついにこの人物の番が来た。このひとは世界でも日本でも、多くの研究者がいる。恩師の清水純一、ブルーノの著作を意欲的に翻訳している加藤守道、新鋭では岡本源太等である。世界的に大きな存在としては清水教授とも親交のあった、イギリスの思想史家で、新プラトン主義やヘルメス思想の論攷で著名なフランセス・イエイツ（一八九九 - 一九八一年）がいた。

私はと言えば、フィレンツェ滞在中に、共和国広場の横の大手書店で、*Grandi Autori, Giordano Bruno*, 監督 *Giuliano Montaldo*（一九三〇年 - 、イタリアの名優、映画監督）というDVDをみつけ狂喜して購入した。ブルーノがヴェネツィアを訪れてからローマのカンポ・ディ・フィオーリ広場で、一六〇〇年焚刑に処されるまでの一〇年間ほどを描いた重厚な作品だった。

さて、ブルーノの思想に言及するまえに彼の人生の足跡をたどってみよう。

彼はナポリ北東部にあるノラという町に生まれ、一七歳でナポリのドミニコ会修道院に入

フィリップ・シドニー（1554－86年）　『傲れる獣の追放』と『英雄的狂気』はフィリップ・シドニーに献呈された

ジョルダーノ・ブルーノ

る（ここで当時の南イタリアの知識人がほぼドミニコ会員であることを銘記してほしい。一三世紀にローマ教皇から認可を得た修道会にはもう一つ、フランチェスコ会がある。この二つの修道会は大雑把に言って、ドミニコ会が学術重視、フランチェスコ会が清貧尊重であり、知識派と生活派に分かれる）。入会後ブルーノは反アリストテレス、反スコラの傾向を強めてゆき、二七歳で神学博士の学位を得るも、二八歳のとき修道院を脱走し、それ以後、北イタリアからアルプス以北の国々を遍歴する。そして、それぞれの地域で著作を刊行している。

於パリ：『イデアの影』、『灯火を掲げる者』（ともに一五八二年）。

於ロンドン：『原因・原理・一者について』、『無限、宇宙および諸世界について』

（ともに一五八四年）、『英雄的狂気』（一五八五年）といった代表作を発表している。

『三つの最小者について』、『モナド論』、『測り知れざる巨大者について』（ともに一五九一年）が、後期の三部作と称されている。

これだけではないが、とにかく著作を精力的に公表していったブルーノだが、ソルボンヌ大学・オックスフォード大学・パドヴァ大学で、希求したのに正規の教授職には就けなかった。パドヴァ大学のときの職種は数学科教授を求めたが、気の毒なことに代わりにガリレイがその席に就いてしまった。

そうこうするうちに、ヴェネツィアの大貴族モチェニゴから家庭教師（主に記憶術）の要請を受けてイタリアに戻った（一五九二年）のだが、モチェニゴに訴えられ（先述の映画では〈黒魔術〉伝授ゆえ）、異端審問所が介入してきて、最終的にローマの異端審問所（検邪聖省）へ送られる（一五九三年）。ヴェネツィアは自由を重んずる共和国であり、映画では、まずヴェネツィアでの異端審問が細やかに描かれ、最終的に異端の烙印を押されて、ローマへの船上のひととなる（船上での独白が感動的である）。

2

ブルーノの思想だが、研究し尽くされた人物であるだけに、一概には言えないが、ここでは大きく四つに分けて、簡潔に記していこう。

第一は、「人文主義」の思想である。これはフィレンツェ・プラトン主義の流れを汲んでいて、具体的にはマルシリオ・フィチーノやジョヴァンニ・ピコ・デッラ・ミランドラが主唱したもので、新プラトン主義とヘルメス思想に源流がある。

第二は、「汎知学」の潮流である。知識というものは、自然であれ宗教であれ、また神学であれ哲学であれ、それぞれを切り離して考察するべきではなく、ひとつの全体的知識体系に組み込まれている百科全書的な思考形態だ、という主張である。これをある意味で顕現しているのが、「記憶術」である。これこそがブルーノの思想を際立たせる第一義的なものとされている。

記憶術は主に、二分される。一つ目は原理的部分で、記憶が人間の頭脳のなかでどのように成立するかを解き明かそうと意図している。二つ目は応用的部分で、上記の原理をいかに応用してすみやかにかつ正確に記憶できるかに論及している。これは自然哲学者という枠を超えて、人間の知の蓄積のあり方にまで思考を巡らしたものとして、画期的な着想であった。

第三は、自然哲学の分野で、宇宙の「無限」を考えている。この背景として、古代ギリシアのデモクリトス、エピクロス（前三四一？-前二七〇？年）、パドヴァ学派の重鎮ピエトロ・ポンポナッツィなどの唯物的な自然観を支持し、さらにこの時代・地域の自然魔術師のなかではただ一人、コペルニクス（一四七三-一五四三年）の太陽中心説（地動説）に賛同している。ブルーノは、『無限、宇宙および諸世界について』で、こう述べている。

数え切れないほどの太陽があり、私たちにいちばん近い太陽の周りを七つの地球が回転しているのと同様に、これらの太陽の周りを無数の地球が回転している。＊

＊＝T・バーギン／J・スピーク編、別宮貞徳訳「無限、宇宙と諸世界について」『ルネサンス百科事典』原書房、一九九五年

この文章は当時の時代思潮に鑑みて、明らかにまずい。当時の宇宙観では、太陽は数え切れないほどではなく一つであり、七つの地球は地球以外もそれぞれ固有の名称のある惑星であり、無数の太陽の周りを無数の地球が回転しているのは、宇宙の「無限」ではなく「夢想」にすぎない。ブルーノは、「一五、一六世紀のイタリアルネサンス」の章で名前だけ紹介したニコラウス・クザーヌスの無限宇宙論の影響下にあることが知られているが、ク

エピクロス

ザーヌスが数学的見地に基づいて論を構築していったのにたいして、ブルーノは発想じたい、哲学的ではなくむしろ「詩的」ロマンティシズムに充ちていた。

第四は、その世界観である。これがいちばん厄介だが、「ヨーロッパにたいするアラビア人たちの影響」の1に紹介した「世界霊魂」が登場するので、思い出しながら読んでいただきたい。彼の世界観は、「神―自然（神の跡）―人間（神の影）」の三部構成である。世界霊魂が入っていないが、ブルーノは世界霊魂を宇宙の根源的動力とみていて、神については叙述の限度を超えていていっさい不明として、一種の象徴的存在としている。そのため、世界霊魂こそが「表」に現われて、神の力である「宇宙創成・形成」を担っていた。即ち、世界霊魂とは、偉大な作為者で、自然それじたいに内在して自然そのものが所有している「力」のことで、自然に生命力の存在を認めていることになる（自然のなかに生命〔霊魂〕の存在を求める）。さらにブルーノのブルーノたる所以は、神が自然や人間を創造したのではなく、自然が人間にとって神と同じく、あらかじめ存在していて（ここも神による天地創造に反する）、神と異なる点は、あらゆる対立の失せた「一者（新プラトン主義の用語）」である神が「多」としていろいろ顕われることで、認識の対象となりうる、とすることである。アニミズム、あるいは汎神論に近く、まさに異端的な思想だ。

それでは「神の影である人間」はどうかと言うと、対立のない無限なる「一者」である神に続いて、次に多様な世界である自然（神の跡）がきて、神と自然に依拠しながらも自立性を有する独自の原理に立脚し、対立と矛盾を抱えつつも最終的に「一」を表わす存在とみている。そうした人間の最高表現が「愛」とされる。所詮、「神の影である人間」が、無限なる神との一体化を求めるのは狂気の沙汰で、ブルーノはこの狂乱を「英雄的狂気」と呼んだ。こうした矛盾・対立があるからこそ人間が人間らしいのであって、その諸々の内訌・確執を超えて融和・調和しようと望むのが「宗教」で、「普遍的人間愛」とも表現できよう。

3

最後に一昨年（二〇二一年六月）に刊行された、池上俊一監修『原典 イタリア・ルネサンス芸術論』の上巻所収の、岡本源太抄訳、ブルーノの絶筆とみてもよいと思える『紐帯《ちゅうたい》一般について』（以下『紐帯』と表記）をのぞいてみたい。訳者の岡本には『ジョルダーノ・ブルーノの哲学生の多様性へ』という卓越したブルーノに関する一書があり、この本の翻訳者としては打ってつけの人物である。

この原本は三部構成であるが、未完である。一部、二部とも三〇段からなり、三部が二三段で尻切れトンボに終わっている。唐突な感をぬぐい切れず、三〇段までの予定だったと推察される。

「段」という区切りでわかるはずだが、警句《アフォリズム》的発想の長めの文章の連結の感がある。

「紐帯」とは、ルネサンス思想にあっては、多種多様な位置にある存在者間で作用し合う関係の意味である。簡単に言うと「躍動的な関係性（動的な絆）」であろう。岡本の上掲の書もそうだが、美学・美術系統を出自とする岡本は、「紐帯」の内実として、美の形成の方法とそれによる人間相互の構築・操作を挙げている。ブルーノの生きた時代背景も考慮すると、人文主義者ながら、ルネサンス的な正統的枠組みに縛られず、意図的に「弾け出た」、「型破りな」創作行為を取ったマニエリスムの書である。さらに、第一部の序文に相当する文面に、「市民社会の省察と無縁でありうるものなど、何も見出せない」という点から、人間と社会との関わり、人間相互の「絆」の重要性を問いかけている。ここで想起されるのは、ニッコロ・マキァヴェッリの『君主論』（一五一三年執筆、三二年出版）である。この名著は政治思想の書としておおかた解釈されているが、どう読んでも、「人文主義者マキァヴェッリの『統治論』」の書としか思えない。それゆえ、『君主論』と『紐帯』を「統治」ということで、一連の著作とみてもよいと思うし、事実、そう位置づける研究者もいる。

さて、『紐帯』の中身だが、一旦「紐帯」という難しい言葉から離れて、「絆の有無」として読んでみたらわかりやすい。「有無」には「快と苦」もあるし、「一と多」などもある。こうして展《ひら》いて読むと、この哲学的美学書の奥がみえてくる。

一ヶ所だけ引用しておこう。

実際、美は、あるシンメトリーに存するのであれ、はたまた物体的な自然のなかに何か非物体的なものそのものが見分けられることに存するのであれ、多数であり、無数の秩序に由来する。ゆえに、いかなる形質であってもどのような心にも定着する、ということはない。（第一部第一二段）

一種のブルーノなりの韜晦《とうかい》的な秩序論だと考える。先に引用した「数え切れないほどの太陽・無数の地球」論の延長上にあるといえよう。

トンマーゾ・カンパネッラ（一五六八－一六三九年）

1

カンパネッラと言えば、宮澤賢治（一八九六－一九三三年）作の『銀河鉄道の夜』の副主人公の名前であることは周知の事実である。本作の主人公は（賢治の表記では）ジョバンニとカムパネルラで、二つの名前を合わせると、ジョバンニ・カムパネルラとなるが、これは本章で取り挙げる、トンマーゾ・カンパネッラの幼名に等しく、一四歳でドミニコ会の修道士になったのち、トンマーゾを名乗ることになる。『銀河鉄道の夜』の評価はべつとして、個人的な視点では賢治とイタリア文学との関わりにやはり注目せざるをえない。短い人生で彼は、「日本哲学の父」とも「日本のカ

大西祝

ント」とも称えられている大西祝《はじめ》（一八六四 - 一九〇〇年）著『西洋哲学史』（一九〇三年）を、盛岡高等農林学校時代（一九歳）に読んで、カンパネッラを知ったと思える。カンパネッラの幼名についての知識を登場人物である二人に割り振ったのであろう。だから二人で「一」であって、一神教のキリスト教への想いを髣髴とさせる。またこのジョバンニをサン・ジョヴァンニ、つまり「洗礼者ヨハネ」だと述べる研究者もいる。洗礼者ヨハネはご存じのように、キリスト出現の道を整えた人物であった。賢治の信奉したのは日蓮宗だが、同一人物が他の宗教であるキリスト教に目を向けても何ら矛盾はなく、却って「普遍世界」を体現せんとした賢治の姿勢がうかがえる。

2

実在したカンパネッラの名を今日まで留めている代表作『太陽の都市』（一六〇二年執筆、二三年刊行。邦訳名『太陽の都』）というユートピア作品に賢治が関心を抱いたとも推察される。必ずしも私は賢治のよき読者ではないけれども、彼がいつも「どこにもない場所」＝「ユートピア」を求めていた気がしてならない（事実、賢治は地元岩手県をモデルとした理想郷、イーハトヴやイーハトーヴォを想定している）。大雑把に言えば「空想に近い理想社会」である。そこは、合理的・調和的・有用的な世界で、ある一定の秩序下に置かれている。どういう人物が住まって

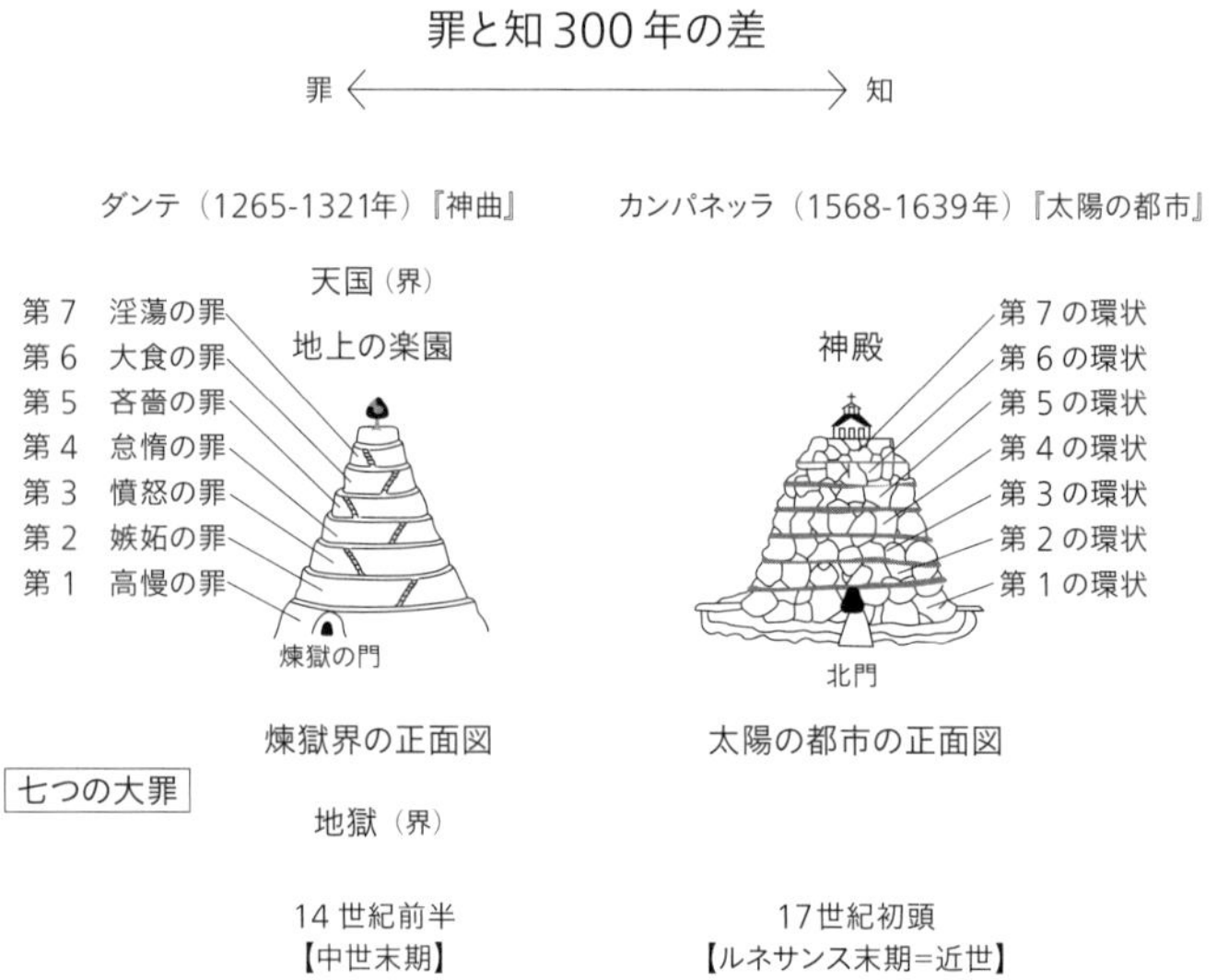

ユートピアの変容

いるかと言うと、道徳的によいひと、自己実現をしているひと・しようと目指しているひと、自由を愛するひと等々、いわゆる「善良なひとたち」である。

ユートピア作品の歴史は古代ギリシア時代に淵源を持つが、一六世紀末期から一七世紀前半を生きたカンパネッラにあっては、そもそも「ユートピア」の内実が変容してしまっている。変わった点は図示（正面図）しているように、「知」へのこだわりであり、三〇〇年前のダンテ・アリギエリ（一二六五－一三二一年）の「煉獄篇（浄罪界）」の図と比較してみると、時代による変遷がよくわかる。期せずしていずれもソフトクリーム状だが、カンパネッラの故

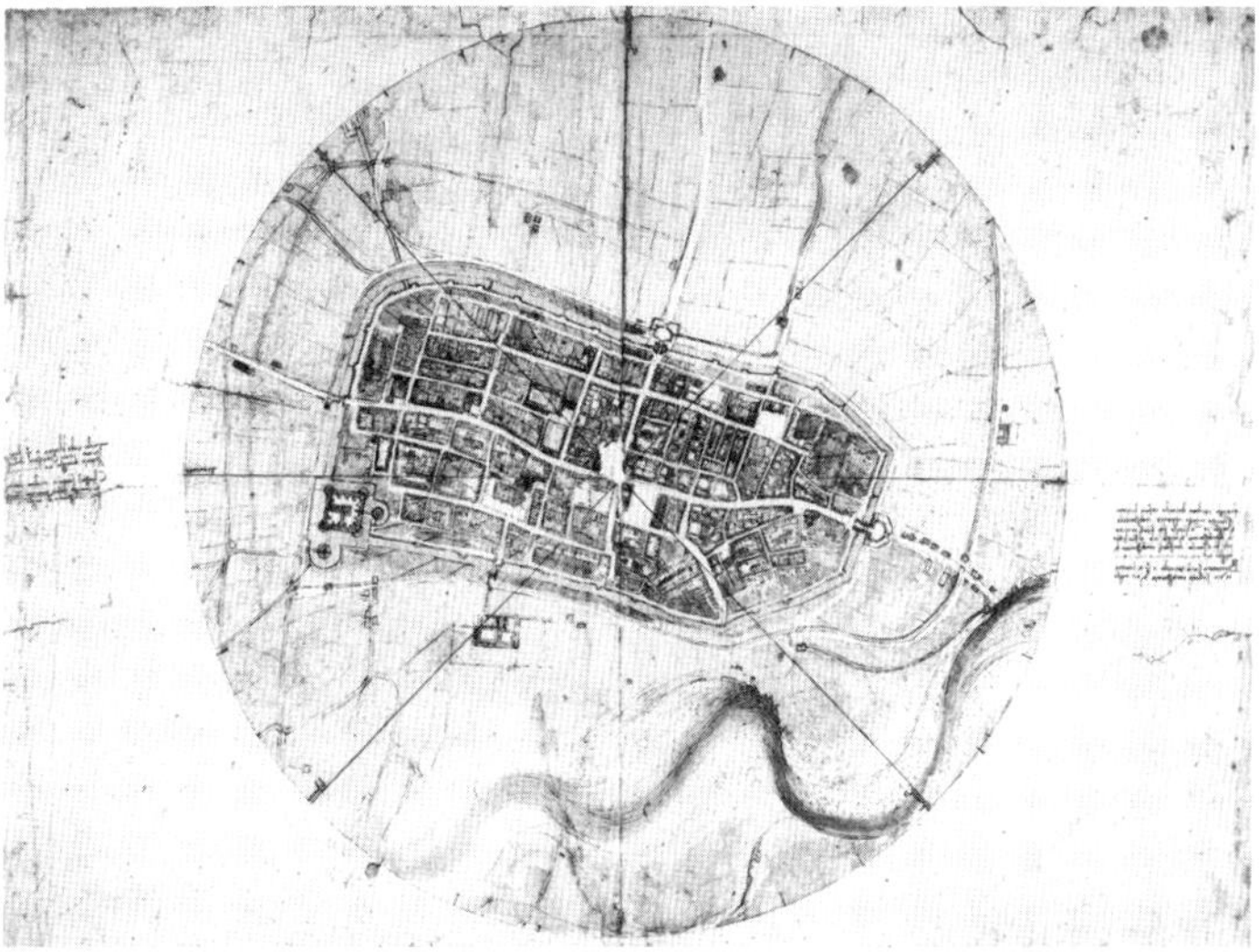

レオナルド・ダ・ヴィンチによるイーモラの都市計画図(1502年)

郷、カラブリア地方の山村スティーロを訪れたとき、彼の銅像を背に立った私は、目のまえのコンソリーノ山の山肌に這いつくばるようにして家々が建っているのを見上げて、『太陽の都市』の原風景を知った。私はぐるぐると回る山道を巡って頂上に着いた。そこには修道院があった。『太陽の都市』では「神殿」だった……。そしてカンパネッラの描こうとした「理想都市」(理想郷とは微妙に異なる。理想郷には「桃源郷」のように東洋的ニュアンスがある)があった。

　理想都市ではレオナルド・ダ・ヴィンチの、中世都市から脱却した「新しい都市」が著名である。その特色は、「人間の尺度」に合わせてつくられるべき都市を指す。合理的形態によって完全に達成された機能性との融合であり、空想ではなくイタリア都市国家の現実的願望に根差していた。ダ・ヴィンチは招かれて滞在したミラノ公国の首都ミラノを、自然の「理法」（自然の内奥に浸透して生きており、自然を動かし導き、その「必然性」によって自然を規制する法）に適った都市に変えようと試みた（一五世紀末）。

3

カンパネッラの時代（一七世紀初頭）では、『太陽の都市』執筆の具体的理由（後述）からもわかるが、ダ・ヴィンチの時代の「人間の尺度」という理想は、宗教的憧憬に変容していた。また前回のブルーノでも取り挙げたように「汎知学（主義）」の時代でもあった。カンパネッラの場合は、師と仰いだテレジオの影響が強く、pansensism（汎化主義）者で、この師弟に特有な、森羅万象に感覚が宿る、という思想を抱くにいたる。これは私が最近訳出した『事物の感覚と魔術について』（一六〇四年執筆、二〇年刊行）に色濃く反映されている。

さてカンパネッラの略歴だが、ドミニコ会に入る前後から詩作で頭角を現わしている。実家は靴修理業の父と早世する母の下、九人兄弟で生活は困窮を極め、長男のカンパネッラは学校にも通えず、文法（ラテン語）の授業など窓から聞いていたらしいが、周囲から神童と呼ばれるほどの優秀な少年だった。読書欲も旺盛で修道院の蔵書を読み漁り、ブルーノと同じく反スコラ・反アリストテレスの傾向を打ち出すようになり、修道院では厄介な存在となる。カンパネッラはそこで、自作の朗詠をして縁を得たデル・トゥーフォ家のナポリの家を訪ね（一五八九－九〇年）、歓待されている。ナポリ滞在中には、ジャンバッティスタ・デッラ・ポルタとも知り合い師事している。一五九二年、ドミニコ会の認可も受けないままに、処女作で、師テレジオの哲学を擁護した『感覚で確証された哲学』を刊行し、危険人物とみなされてナポリのドミニコ会の修道院から、カラブリアへの帰還を命じられる（この「解放」にはデル・トゥーフォの働きがあり、トスカナ大公との謁見も同様である）。しかし彼は、進路を北に取ってローマ、フィレンツェ、ボローニャ（ここで持参していた手稿を何者かに盗まれる）を経て、パドヴァにたどり着く。フィレンツェ滞在時にトスカナ大公フェルディナンド一世・デ・メディチ（一五四九－一六〇九年）にシエナ大学での講師のクチの斡旋《あっせん》を依頼するが、大公にはカンパネッラがどことなく胡散臭く映ったらしく、パドヴァ大

トスカナ大公フェルディナンド1世・デ・メディチ

学数学科教授のガリレオ・ガリレイ宛の紹介状を認《したた》める（もちろんガリレイ宛にも手紙を書き送った）。ガリレイがカンパネッラの到着を待つ格好になる。

二人はパドヴァで大公の思惑通り出逢うが、ある意味で、これがカンパネッラのそれ以降の運命を狂わせてゆく要因にもなる。パドヴァ大学医学部（解剖学）でスペイン人を装って受講し、近代医学（科学）の一端に触れた。白内障の手術の助手まで務め、ガリレイなどから観察・実験重視の「客観知（イタリア語でシェンツァ、英語でサイエンス）」の合理性を学ぶことになる。彼は師テレジオから感覚重視の思想を受容していたので、「感覚」という点では容易に受け容れたが、ガリレイの言う「客観知」という意味での知覚と、カンパネッラの想う汎化主義的感覚はべつものであった。このことが後年、二人の親交を引き裂くことになる。

4

それでは『太陽の都市』の内容に入ってゆこう。

まず都市の統治形態にすでにカンパネッラ独自の思想が顕われている。「太陽」（聖職者：精神面と世俗面での全住民の指導者＝形而上学者）を頂点に、その補佐役（副統治者）として三者―― Potestà（力：ポン〔ポンとなるためには、potenza がよりよい〕）、Sapienza（知：シン〔シンとなるためには、scienza でなくてはならない。カンパネッラの他の作品でも、sapienza〈智〉と scienza〈知〉を区別なくまちまちに用いている」）、そしてAmore（愛：モル）といった、「三つの基本原理《プリマリタ》primalità」を置いた。

「ポン」は戦争関係の軍事面、「シン」は根本的に学問を統括したが、自由学芸に加えて技術学芸にも位置を与えていることにカンパネッラらしさがある。さらに挙げると、占星術・宇宙学・修辞学・自然学等。「モル」は生殖・性生活・教育・衣食等を司った。

この小品の大部分を占めるのが占星術の記述である。占星術を機軸としていろいろな事例を検討しているが、なぜ天文学ではないのか。両者ともに天体の位置や移動の数量的計算を緻密に行なうものであるが、その差異は、占星術でしか人間や国家の「運命」を計ることができない点にある。「運命学」など存在しないのだ。一寸先は闇のこの世・人生に明かりを灯してくれるのは「（占星）術」の領域に限られた。

以下、「三つの基本原理」と「性生活」の叙述を挙げておこう。

「三つの基本原理」はカンパネッラの他の

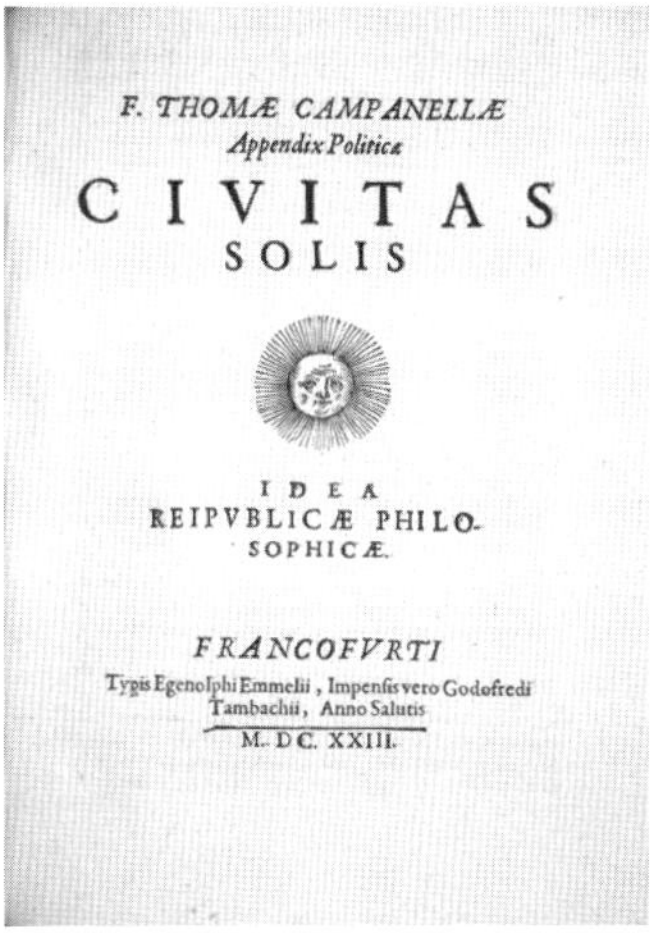
F. THOMÆ CAMPANELLÆ
Appendix Politicæ
CIVITAS
SOLIS
IDEA
REIPVBLICÆ PHILO-
SOPHICÆ.
FRANCOFVRTI
Typis Egenolphi Emmelii, Impensis vero Godofredi
Tambachii, Anno Salutis
M. DC. XXIII.
『太陽の都市』

作品、例えば拙訳『哲学詩集』にもいたるところで見受けられる。彼は、「三位一体」の神を崇拝している。

「神」は最高の「力」で、最高の「知」が「愛」を生むが、啓示を受けていないので、三つの位格（ペルソナ）は持たず、「力」vs「無力」、「知」vs「無知」、「愛」vs「無愛」と解釈している。

「性生活」について。

女：一九歳まで純潔保持。

男：二一歳まで子づくり禁止、虚弱体質はもっと後。

性交時はよく体を洗ってから三晩ごとに交わる。

大きくて精力的な男——大きく美しい女と。

痩せた男——太った女と。

太った男——痩せた女と。

知的な男——活発で丈夫な女と。

空想的で気まぐれな男——太っていて温厚でおおらかな女と。

不妊の身であることが判明した女——男たちみなの共有の女に。

子づくりの営み：私的でなく公共の善を目的とする宗教的行為。

生殖の目的：個体の維持でなくて種族の維持。即ち、生殖は公務であって、私ごとではない。個人よりも共同社会のほうが安全という前提があった。市民たちは友情による愛だけしか知らず、激しい情欲による愛を知らない。

「性生活」まで国家に規定されると、禁欲的というか、むしろ規則ずくめの全体主義的印象を免れないが、「ユートピア」という名の由来となった『ユートピア』という作品を書いたトマス・モア（一四七八－一五三五年）も、原始共産主義的傾向を帯びている面では共通している。平等・禁欲・無産等々。これが理想だとすれば、本来的な自由が失せ、たいそう窮屈であろう。こうした理想都市は願い下げである。

トマス・モア

5

パドヴァに滞在していたカンパネッラがたまたまヴェネツィアに出たところ、不運にも異端審問官に逮捕され、ローマの異端審問所（検邪聖省）に送られ投獄される（一五九四年。このと

検邪聖省の扱った事案（17世紀のガリレオ・ガリレイの著作に関する事案）

きブルーノもいたが、両者は会っていない）。ボローニャで盗難に遭った手稿に異端の嫌疑がかけられたとされる。そうでなくとも言うことを聞かないで、カラブリアへと帰らずに北へと向かったのだから、逮捕の必然性はあった。パドヴァ滞在は正味一年半だったが、先述したように近代科学の洗礼を、親交を結んだガリレイ等から受けたことの意義は大きかった。ローマでは一五九五年に「異端誓絶」を行ない、ナポリへと向かう。ナポリに三年滞在して一五九八年、海路でカラブリアへ、そして八月末までにはスティーロに帰村している。

この間、スペイン当局からの圧政に苦しむ民衆の姿を目の当たりにして、正義感あふれるカンパネッラは何とかしなくては、と胸を焦がす。ここで彼は「変身」して「預言者（気取り）」となる。スティーロやその他の地域の教会や修道院の演壇に立って、演説をぶつ。世界の終末を切々と説いた。ときに熱することもあって、聴者を惹きつけ、ついに「革命」（としているが、逮捕後の「供述書」で用いているmutazioneは〈変革〉の意味。〈革命〉を意味するrivoluzioneを使用しておらず、真意はカラブリア地方だけの〈変革〉ではなかったか）を訴える。カンパネッラが依拠した「終末論」は同じカラブリアの修道士、フィオーレのヨアキム（一一四五？－一二〇二？年）の至福千年（千年王国論：一般論として、イエス・キリストが再臨して地上に王国を築くであろう、という趣旨で、古くはユダヤ教の終末論に由来しており、たいがい、キリスト教徒のこの世での勝利が近づいていることを意味するものとして用いられる）であった。ヨアキムの場合は、歴史を父の時代、子の時代、聖霊の時代の三つに分け、三番目の新しい時代が一二六〇年より始まるとしたもので、聖霊の時代までには未曽有の苦難がキリスト教会を襲うが、天使のような新しい教皇とこれを助ける平和皇帝とともに、待望の聖霊の時代に入る。そのときには国家権力も聖職秩序も教会財産も消滅し、ただ神と直面して観想にふける霊的修道士からなる霊的教会が存在するのみとなる。カンパネッラはこの第三の聖霊の時代を一六〇〇年以降として、未曽有の苦難の先駆けとして「蜂起」を計画した。もうわかるように、カンパ

フィオーレのヨアキム

ネッラの意識は、蜂起の軍事的首謀者ではなく、まさに「預言者」だった。現実離れをしていて、友人の密告によってすぐに発覚して（蜂起の期間は一五九九年六月から九月六日まで）スペイン当局に逮捕される。以後、一六二六年に釈放されるまでの、足かけ二七年間、フランス統治下で建てられた「新城」で牢獄のひととなるが、サン・テルモ城の地下牢に移された数年（一六〇四年一〇月から〇八年二月まで）を除けば、軟禁状態と言ってよかろう。彼を慕って面会に来る者や弟子となる者もいたし、一六一八年から釈放までの八年間は、「新城」で、イタリア人やスペイン人に学術講義を行ない、この時期を彼は生涯でいちばん仕合わせだったと振返っている。入獄当初は拷問もあったので、生きんがために「狂人」を装うことに苦心している（一六〇〇年に独房のベッドの藁に火をつける等）。一六〇一年には「徹夜の拷問」を受ける（三六時間以上、両手を後ろで縛られ宙に吊るされ、腰を下ろすときは座面が針で覆われていた椅子が待ち受けていた）。彼は尻をひどく痛めるが、拷問終了後、堅忍不抜の精神で立ち直る。一六〇二年からは「新城の塔」に移され、比較的寛容に扱われる。

6

この間、カンパネッラの執筆欲は旺盛で、『太陽の都市』をはじめとして、刊行年を加味して執筆順に挙げてゆくと、『事物の感覚と魔術について』（一六〇四年）、『ガリレオの弁明（擁護）』（一六一六年）、獄中での詩作の総まとめである『哲学詩集』（一六二二年）等がある。この三作を挙げたのは、僭越ながら拙訳があるからである。

順番に吟味していくまえに、カンパネッラ独特の用語に触れておこう。この時代の南イタリアの自然魔術師の用語でもあるかもしれないが、「神」「霊魂」はまだしも「精気」「感覚（する）」、それに人間の各器官名、動物名、四大、熱と冷、空気、大地、過去の聖人、聖書中の人物、聖書からの引用、と実に幅が広い。おそらく聖書は獄中にあっても読める状態だったと思う。それらを支える思想は「森羅万象は生きている」という有機的自然観と「隠微な《オカルト》」思潮である。

まず『事物の感覚……』（全四巻）では、短いが「序文」に該当する文面があって、この文章こそ、まさにこの作品の主題であるに違いない。

隠微哲学の驚くべき部分では、世界は生ける神と善智の象《かたち》でなっていて、森羅万象あらゆる部分やその粒子にも感覚が在る。その感覚は留意すべきほどに歴然としていて、万事につけ一致点が見出せる。万物の理法や自然の秘密の幕の裡《うち》が明白になるのである。

文字通り「宣言」である。文中の「感覚」が本作の主題で、どの巻のいずれの事象も事物も「感覚する」。第一巻第九章のこの一節：「世界はすべての感覚を持つ一匹の生き物で、遍在する生命の諸部分を享受していると断言すべきである」など、アニミズムの好例だ。死は生き物だから免れない。つまり、世界は死すべき生き物である（後年、死を生の変異としている）。だが、汎感覚的なカンパネッラはそれだけでは収まらない。第一巻第五章では「万物の感覚が真正であるという徴は世界の秩序と事物の進化、感受性のある動物の個性についての議論である」と述べる。秩序を総《す》べるのは「神」であろう。「神こそが万物のなかの第一原因」で、「世界を形成し、事物に自己変革と自己保存という徳性を一度に授けた」（第一巻第六章）。こういう調子で第二巻も進み、第三巻第五章になると、「光、火、闇、冷、大地の感覚について」と自然界にも論は及ぶ。

闇は実体でなく、光の奪われたものだというのは誤った判断である。というのも光を奪い取るというのは取るに足らない行為であり、私たちは光を逆に闇と解している。イザヤ書に神は光と無を創造したと述べられているゆえだ。だが、無は何も創造しないが、それゆえにこそ、闇は光と相対して冷を造る。それはあたかも光が熱の方向に向いているのに似ている。これを顕わしているのは、能動的な闇、つまり受動的な闇などないということで……（後略）。

この部分はカンパネッラがテレジオの「熱と冷」の二項対立を「光と闇」に当てはめて述

べているらしいが、能動・受動も出てきて、錯綜している。『事物の感覚……』の文章は句点から句点まで、「：」や「；」がいくつも挿入されていて切れ目なく続き、ジェルンディオ（英語の分詞構文に相当）がどこを修飾しているのかも明確ではない。それゆえ文意を汲み取って翻訳せざるをえず、なかなか進まない。発想自体が二一世紀の私たちと異なるのだから、翻訳時には一七世紀にたたずんでカンパネッラと同じ目線になることが必要だ。上記の引用など、何回も読めばわかってくる。ただし、「神」という存在を私たちが心底、把握できていないのが難点である。神が世界を創造したのではなく、私たちが一神教の神という存在を長年にわたって修飾し創り上げてきた、と主張したら、神は鉄槌を下すだろうか。

7

次は『ガリレオの弁明（擁護）』である。一六一〇年、ガリレイは『星界の報告』を刊行して脚光を浴びる。筒眼鏡（望遠鏡）で木星を観察して四つの衛星を発見し、それを地球と月に当てはめ、月が地球の衛星でその地表も地球と同じく凹凸の地面であり、とても神の住まう場とは思えないとし、さらにコペルニクスの地動説を支持した。これは当時の聖職者たちに甚大なる衝撃を与えて、諸々の経緯を経て、ガリレイが検邪聖省に訴えられた。獄中で友人が送ってくれた本書を一気に読み終え興奮したカンパネッラは、友人ガリレイが訴えられた

『ガリレオの弁明』1622年

ガリレオ・ガリレイ

という話を聞くと、獄中にある身ながら、大胆不敵にも『弁明（擁護）』を書いた。

しかし、その内容は最終的にガリレイの「知」を正確に理解したものではなかった。なるほどカンパネッラは、ガリレイが「直にその目という感覚器官で月を観察した」客観知（のちの科学）は高く評価した。当時のブルーノ以外の自然魔術師同様にカンパネッラも天動説だったが、友人ガリレイの説を認めるに当たっては、地動説を主唱せざるをえなかった。そこで彼は、「世界霊魂」を持ち出してくる。つまり、ガリレイは「慣性」によって地球が太陽の周りを回転しているとしたが、カンパネッラは世界霊魂による「神慮／神意」を起動因とした（世界霊魂の力を借りた「他転」だった）。さらに、ガリレイが信仰と客観知（のちの科学）を分け、神を顕彰したのに、カン

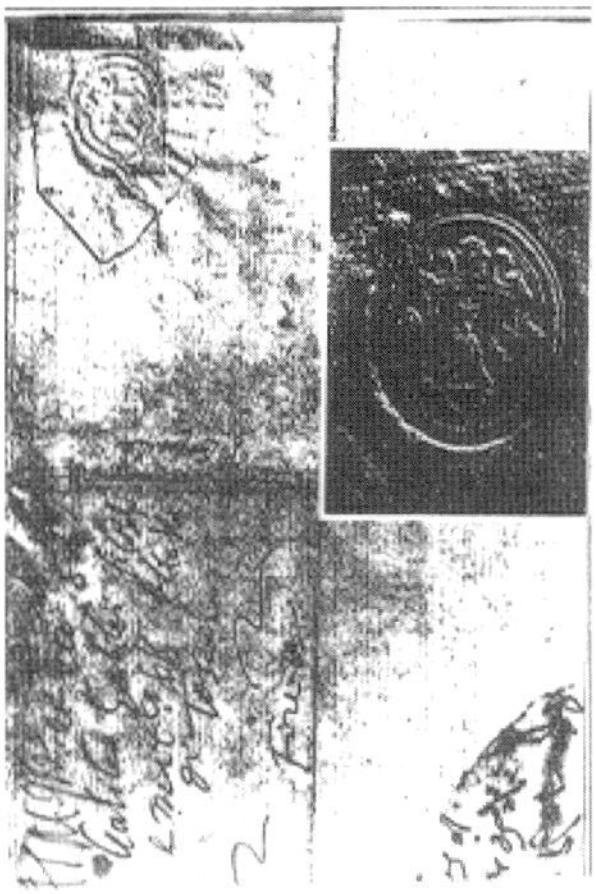

カンパネッラのガリレオ宛書簡（1632年8月21日付、ローマからフィレンツェへ）の封筒の上書きの部分。カンパネッラの直筆

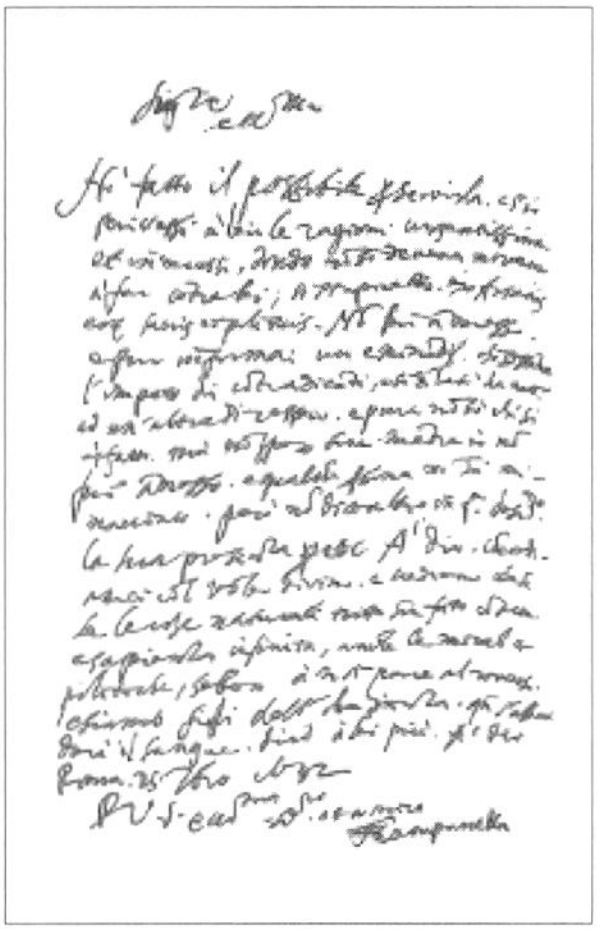

カンパネッラのガリレオ宛書簡（1632年9月25日付、ローマからフィレンツェへ）本文

『星界の報告』草稿

SIDEREVS
NVNCIVS
MAGNA, LONGEQVE ADMIRABILIA
GALILEO GALILEO
PATRITIO FLORENTINO
PERSPICILLI
QVATVOR PLANETIS
MEDICEA SIDERA
NVNCVPANDOS DECREVIT.
VENETIIS, M DC X.

ガリレオ『星界の報告』（初版）、ヴェネツィア、1610年パネッラは分離ができず、神の内実に迫った。

『星界の報告』を読むまえのカンパネッラの宇宙観は、宇宙の中心に暗くて湿気を帯びた、寒くて不動の、冷である地球を置き、地球の周りに明るくて乾いた、灼熱の不動の熱である太陽の軌道がある、としていた。この説を彼はガリレイ流に変化させたのだが、カンパネッラの知りうる世界霊魂といった、客観知にはほど遠い神慮の域で考察した。つまり世界霊魂が太陽の熱で生成され、地球の自転を自発的とはせずに、世界霊魂という起動因による回転と解釈した。やはりガリレイの域には及ばなかったのである。カンパネッラの「感覚」は誤解を恐れずに言えば「肌触り」程度だが、「自然という書物は数学の言葉で書かれている。il libro della natura..... è scritto in lingua matematica」とまで後年、明言するにいたるガリレイの「感覚」は合理的な「知覚」の領域に踏み込んでいたのに違いない。本作の刊行はガリレイにとっては有難迷惑で、二人の仲は崩れていくが、ガリレイは獄中のカンパネッラへの金銭的な支援を止めることはなかった。

日本のガリレイ研究者は、ガリレイの名の入ったカンパネッラのこの本を無視して、科学はガリレイからとしている。自然魔術から客観知への橋渡し役を担って苦慮したカンパネッラのような存在から研究に着手しなければ、不十分に思えるが、いかがであろう。

8

最後は『哲学詩集』である。正式名称は『自己の解説つきの頌歌《しょうか》から、セッティモンターノ・スクゥイッラ作、幾篇かの哲学詩からの選集』で、「セッティモンターノ・スクゥイッラ」（七番目の山の小さな鐘）はカンパネッラの偽名である。刊行は弟子のサクソニア（ザクセン）人トビア・アダミ（一五八一 - 一六四三年）の尽力でドイツにて一六二二年に行なわれた。アダミは獄中のカンパネッラと会って、詩の選別も手伝ったようだ。詩一（序）から詩八九まで、全部で二二七篇（各篇の九割方、カンパネッラ自身の解説がついている）に及ぶ。ソネット（一四行詩）、カンツォーネ（それを構成するのが幾篇かのマドリガーレ）、それに長詩、とさまざまだが、各詩みなある一定の共通項でまとめることが可能だ。そして詩人がこだわる二種類の一連の文言を読み進めてゆくとみえてくるものがある。それらが一堂に会した詩を以下に挙げてみたい。

詩二八　真正なる哲学に則った愛のカンツォーネ

マドリガーレ　二

完全無比な生き物の棲む黄金の時代お前は混沌としていて、
さながら巨大な卵の体《てい》をなしていて、
卵のなかには霊魂を想わせる第一の存在の神が孵化しつつあり、

大いなる新たな形を顕わしていた。
神は必然、運命、調和に影響を与え、
和らげた力、愛、知の三つを、
多くの手足のなかへと融かし込み、
自然、内在する造化と種子を創り上げていった。

……………

生命は命を生き、宙を漂い巡る。
なぜなら生きたいという希望が常に何よりも先に立つから。

……………

「必然・運命・調和」、「力・愛・知」（三つの基本原理）、それに三行目の「第一の存在の神が孵化しつつあり」という異端的詩行。

「必然・運命・調和」と「三つの基本原理」のそれぞれには関係があるが、前者は、ルネサンス文化に底流する、折衷・融和・調和の角度からみると、「運命を必然として受容して両者を調和する」と読める。後者は「神を知らずして神を愛する（能）力はない」となる。

また「神が孵化し」てもらっては困る。そうではなくて「神が万物を孵化する」わけなのだから。神は被創造物でなく創造主なのだ。カンパネッラは危うい、異端すれすれの場にいることが詩行の一端に顕われている。

こうした人物だから釈放後も異端の廉《かど》で、今度はローマでも投獄され、ドミニコ会から神学教授の称号を授与（一六二九年）されながらも、イタリアは危険とみなしてパリへと亡命し、歓待され、自著の出版に奔走する。プロテスタント（主にカルヴァン派）を回心させるも、一六三九年、死去の近いことを予言し、パリのサン・トノーレ通りのドミニコ会修道院の独房で波乱に充ちた人生に終止符を打った。

新プラトン主義とヘルメス思想

1

「魔術師列伝」の最終章だが、以下のテーマはいちばん初めにやっておくべき内容だった。そもそもルネサンスは「始原」からの「再生」の意味で、これまで日本では「文芸復興」と訳されてきたが、文芸よりも美術の分野でのほうがはっきりと、中世とルネサンスの違いがわかりやすい。視覚芸術の優れた点がここにある。二枚のライオン像を比べてみたらすぐにわかる。ルネサンス期のほうが、「個＝ライオン」をきちんと捉えている。紙幅の都合で触れないが散文でも言える。一二九〇年代末に編まれた編者未詳のトスカナ方言（現在のイタリア語の元）で書かれた一〇〇話からなる説話集『イル・ノヴェッリーノ』と半世紀後のボッカッチョ著『デカメロン』で、同種の話を比較すれば「一読瞭然」であろう。『デカメロン』の登場人物のほうが具体性が増し、肉づけされている。だいたい前者の文章が名詞（身分の名称）と動詞（と副詞）で成立しているのにたいし、後者には固有名詞・形容詞・接続詞・関係代名詞が加わってきている。

さらに、もう一点述べておくべきことがある。それはルネサンスの精神は「異教の文化」である、ということだ。「異教」とは一神教のキリスト教ではなく多神教のヘレニズムの文化を指す。もともと西欧はケルト文化で多神教であったが、キリスト教という侵略宗教が入ってきて一神教信仰を押しつけた（日本への仏教伝来も、侵略的要素が強いのが実情である）。

キリスト教はヘブライズムの流れを汲む。だが、キリスト教以前にはヘレニズム文化（「ヘレ」は「ギリシア風」の意味）が、地中海やその沿岸地域に広まっていた。そこにヘブライズムが出現し、ユダヤ教—キリスト教—イスラーム、と続いた。いずれも一神教で、来世肯定である。ヘレニズムの宗教は多神教なのでおのずと宗教対立が起きて、キリスト教信仰がコンスタンティヌス大帝（在位三〇六－三三七年）によって公認されると（ミラノ勅令、三一三年）、その勢力が拡大して、地中海地方の多神教は、大げさに言えば、衰弱し細々と生きることになる。その異教の水脈が二つのルネサンスで、特に一五、一六世紀のイタリアルネサン

ヴィラール・ド・オヌクール画
（中世期のライオン図）

スで、地下から噴き出したわけなのだ。

キリスト教じたい、「教会の大分裂」期（一三七八－一四一七年、ローマと南フランスのアヴィニョンにそれぞれ教皇が並立）に当たり、大学でもスコラ神学が衰え、普遍論争（唯名論と実在論の対立。一〇世紀頃からあって、一時期鎮静化していたのが、中世末期に再燃した）もあり、文化の胎動に「在野の知識人」が関わった。その代表例が、フィレンツェの「アッカデミカ・プラトニカ（プラトンアカデミー）」で、主にその院長格のマルシリオ・フィチーノがプラトンの著作、新プラトン主義、『ヘルメス文書』といった、地中海のヘレニズムの知を、ギリシア語からラテン語に翻訳し、その新奇な潮流は思想界に旋風を巻き起こした。

アルブレヒト・デューラー画（ルネサンス期のライオン図）

2

新プラトン主義とヘルメス思想(教)に入るまえに、ヘブライズムとヘレニズムの決定的な差異を述べておこう。ヘブライズム(キリスト教)は「始め」があって「終わり」がある「直線の文化」で、他方ヘレニズムは「円環の文化」。この点が大きく異なっている。

プロティノス(二〇五?-二七〇年)は著作『エネアデス』(九本の論文がそれぞれ六つに分けられていて、計五四篇からなる。『エネアデス』はギリシア語で五四の意味)を発表した。彼は、プラトン、アリストテレスに続く大哲学者で、三人を「三大哲学者」と呼んでいる。プロティノスは、プラトンとアリストテレスの哲学を折衷して新プラトン主義とした。詳細な記述はお許しを願って、大まかに言うと、プラトンの「イデア」を「一者」(高次な叡智、原因の原因。「太陽」を比喩に用い、「陽光」を重視している)とし、それとアリストテレスの「階梯の理論」を組み合わせている。図示すると次頁のようになるが、円環を前提としているので、「流出」と「還元」の思想である。そして次の引用文をよく読むと、ルネサンスの根本思想の一つである、

プロティノス

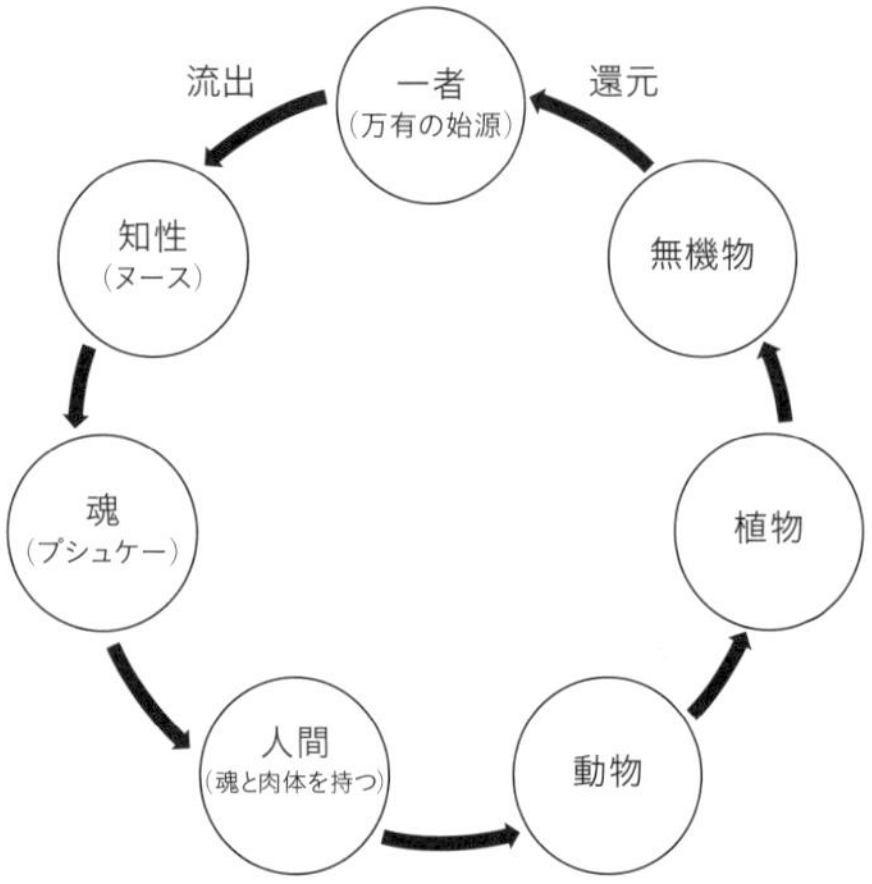

一者流出説の図

マクロコスモスとミクロコスモスの対応・照応の思想がうかがえる。『エネアデス』から、「流出」と「還元」について述べた文章をこの順で以下に挙げる。まず「流出」——。

それ（一者）は、万有を産み出す力であって、この力がなければ万有もないし、知性も第一の普遍的な生命とはなりえないのである。しかし（第一の生命とはいっても）、その生命を超えたものがあるのである。つまり万有として存在する生命の活動は、第一の根元的なものでもなく、それ自体がいわば泉を源とする川の流れのようなものなのである。即ち、他に源をもたない泉のことを考えてみよう。この泉は、そのすべてを川の流れにあたえるけれども、川ゆえに自らを使い果たしてしまうようなことはなく、それ自身はもとのままの状態を保ちながら静かに川に留まっているものである。（田中美知太郎訳）

難解だが、よく読むと、川がそれじたいを保持したまま、川にそのすべてを与える、と書いてある。川の向き（水平）を縦にして泉を「両親」とし、川の水（流れ）を「子供」にたとえると、いっそうよくわかる。子供は親の遺伝子を持って生まれるが親とは別人格で、父と母はそのままの状態でいる。こうして下《しも》なる孫もひ孫も、最初の「一者」の属性を受け継ぎつつも、その上《かみ》なる存在から独立している。自分より上なる存在の影響を受けながらも異質の存在である下なるものとして独立し、かつ全体との関わりを失わない円環的存在なのである。ここに上なるものと下なるものの照応が生まれる。これが生命となると、長い生命の秩序的連鎖（円環）が生じる。これにキリスト教徒は魅了されたのだ。

以上が「流出」、次記は「還元」――。

……それぞれのものには遡源可能な或る種の一なるものがあるのであって、われわれの住むこの世界にも、その先に、遡源可能な一なるものがあるのである。但し、それは絶対的な一者ではなく、ひとはそれを通って絶対的な一者に至るのであるが、その絶対的一者は、もはや他のいかなるものにも遡源することはないのである。（同上）

以上の文章から、くっきりと「円環」の思想が理解できる。

プロティノスが新プラトン主義を主唱した三世紀という時代（ヘレニズム期）は、その政治的・文化的思潮として、世界市民主義《コスモポリタニズム》が起こり、個人主義的で個人の不安を解決しようとする人生論めいたものが盛行した。またキリスト教と新プラトン主義の伝統に鑑みるに、前者は神と天使、後者はその理論から大宇宙と小宇宙の照応・感応の世界観があって、ひょっとして人間の存在は「中宇宙」だったかもしれない。

3

ヘルメスとはエジプトの神「トート」のギリシア名で、体が人間、頭がヒヒ（またはトキ科のアイビス）で神々の書記役を務め、学問・知恵・魔術・天文学の神とされる。ギリシアでは前五世紀に、トートとヘルメスが同一視され、後年新プラトン主義者が、「ヘルメス・トリスメギストス（三倍も偉大なるヘルメス）」という名をトートに与えた。即ち、ギリシア神ヘルメスとエジプト神トートの合成神である。このヘルメス・トリスメギストスが書いたとされる文書を『ヘルメス文書』と呼んでいる。当時、アレキサンドリアが知的中心地であったエジプトは、ローマ帝国の支配下にあり、ひとびとはギリシア哲学、とりわけプラトン哲学の教えを受けていた。しかしすでに形骸化してしまったその教えに満足できず、とはいえ公然と反対するわけにもゆかず、密かにプラトン哲学を軸に口頭で新教義の伝授がされた。おそらく、前三世紀から後三世紀の間に成立をみたと言われている。内容も神学・占星術・医学・錬金術など多種多様で、受ける印象はきわめて神秘的・瞑想的である。そのうち神学的著作一七を「ヘルメス選集」と呼ぶ。そのなかの一書「ポイマンドーレス」はポイマンドーレスが語る「創造神話」である。そこでは「事物の秩序的連鎖」が趣旨となっている。上なるもの（原型）から、秩序に沿って、下なるものが生まれる、とされる。

略式化すると、「神と叡智界」→「星辰界」→「地上世界」で、「叡智」という存在が大切

ヘルメス・トリスメギストス　ギリシア神話のヘルメス神と、エジプト神話のトート神がヘレニズム時代に融合し、さらにそれらの威光を継ぐ人物としての錬金術師ヘルメスが同一視され、ヘルメス・トリスメギストスと称されるようになった。伝説的な錬金術師

である。全体は親和力で充たされていて、例えば「星辰界」が「地上世界」を支配する力は「運命」として認められる。では神秘的な世界にご案内しよう。

一　ある時私のなかで、（真に）存在するものについての省察《せいさつ》が始まり、思考の力が甚だしく高まり、食事に満腹したり身体が疲れて眠りに引きずり込まれる人のように、身体の諸感覚が停止した時、そこに誰か途方もなく巨大なひとが居合わせて、こう話しかけながら私の名を呼んでいるように思われた。

「お前は何を聞き、眺めたいのか。何を知解して学び、認識したいのか」。

二　私は言う、

「でも、あなたはどなたなのですか」。

彼が言う、

「私はポイマンドーレス、絶対の叡智である。私はお前の思い計りを知り、何処にあってもお前と居るのだ」。

（荒井献・柴田有共訳）

寿命を計るトート＝ヘルメス・トリスメギストス

以上のような創造神話が綿々と続く。「叡智《ヌース》」を神とみる一種の宗教でもある。「ヘルメス教」とするひとの考えもわかるというものだ。

現在にはその存在がほとんど伝わらず、知られていても色眼鏡でみられることの多い自然魔術（師）の実態を少しでもご紹介できたことを感慨深く思っている。近代科学の「科学哲学」（量の自然世界）以前に「自然哲学（魔術）」（質の自然世界）の時代があったことをご銘記いただければ幸いである。

錬金術師列伝

錬金術とは何か

「錬金術師列伝」を書いていくが、読者にはまず、錬金術の何たるかを知っていただきたい。この知識がなければ、術師になっていく人物の思想的・知的傾向もつかめないからだ。「神学」のように学問ではなく、「術」の世界にあることをも字面から理解してほしい。簡単に言うと、合理的ではないという意味で非合理の世界を念頭に置いて、こうした非合理の世界にも一定の「体系化」が存在しており、それがかなり複雑に錯綜している。原理を知ることから始めて、その歴史を簡潔に述べてみたい。

1

いちばん重要なことは、「反キリスト教」の立ち位置を取ることだろう。というよりも、キリスト教誕生以前から存在の萌芽があったので、完成された「術」が反キリスト教の立場になった、と表現したほうがよいだろう。つまり「東方の知」、もっと具体的に言えば、ヘレニズムの知の一環として生まれた。「ヘレ」とは「ギリシア(風)の」という意味であることはすでに述べた。古代ギリシアの知が何らかの形で影響を及ぼすことになる。これは歴史の節5であらためて語ろう。

教義では「反キリスト教」という観点を押さえると把握しやすいが、そのまえに大切な点は、錬金術の対象が「鉱物」にある、ということだ。占星術の対象が天上界にあるように(ちなみに占星術=星占いがいまだに盛行を極めているのはなぜだろう。「天文学」として宇宙空間、星辰間の物理的計算が存在しているのに……。答えは簡単だ。「学」となった天文学という合理的知では、「術」である占星術のように、人間や国家などの「運命」を予測できないからだ。「運命」など合理の世界ではまったく計れないから)。となると、鉱物を対象とする錬金術の役割・真意とは何か。キリスト教と比較をすると、錬金術師は、物質(鉱物)のなかにキリスト教とは異なるヘレニズム文化の神を求めて、鉱物の裡の霊魂(魂・いのち)を救うことを第一義とし、その次に術者の救いがあった。他方キリスト教では、人間とは神によって救われるべき存在で、人間が何かを救済する術の存在など論外だった。

このような仕儀にいたるとおのずとみえてくるのは、錬金術師が救う対象には、鉱物(物質)が介在していて、その裡の霊魂を救済するのだから、鉱物のなかに霊魂の存在を認めるアニミズムの世界観が現出するということだ(鉱物のような無機物も生きている、ということになる)。一神教のキリスト教とは違うので、キリスト教隆盛時には「異教」として弾圧を受けた。

2

錬金術（師）の作業の絵図をみれば一目瞭然なのだが、竈《かまど》が前面に表示されている。これは「火」を用いる術の証である。ダンテ・アリギエリ（一二六五－一三二一年）著『神曲』中の「煉獄篇（浄罪界）」は、現世での罪が火で浄化される場として設定されているが、錬金術でも水でなく火が用いられている。日本でも「～の火祭り」という祭りがそこかしこにみられる。「水」も清浄をもたらすとされるが火も同様で、錬金術では火が重んじられる。

加うるに、きわめて理念的な術だ、ということを挙げておこう。末尾のほうで、まとめて錬金術の歴史を述べるが、そこでこの理念性の件がわかるだろう。

近代自然科学（いわゆる科学）の発祥の源は、具体性ではなく抽象性にあって、事例を出せば、アリストテレス哲学ではなくプラトン哲学にこそ出発点があった。この案件は、いずれ扱うパラケルススのとき詳細に論じよう。

この傾向を継承したのかどうか、その実証的・実験的民族性のためか、アラブ世界で、錬金術の二大要素となる、「硫黄・水銀の理論」が考案される。この二つ、実際の硫黄や水銀を指さず、それらを「卑俗な硫黄」「卑俗な水銀」と呼び、錬金術のほうは、高尚にも「哲学の硫黄」「哲学の水銀」と称する。「哲学」が冠せられた時点で、すでに観念化され、その実在が危ぶまれる。

非存在らしきこの二つ＋火（火力・加熱）が相互に作用し合って術が行なわれる。いかがわしい印象がぬぐい切れないのだが、もとより、鉄、錫、鉛などの卑金属から術を用いて金銀（貴金属）を得ようとするのが錬金術の本義である。しかしこうした実在が危惧される「哲学の硫黄」と「哲学の水銀」などで金銀を得られるのか。ここは一歩立ち止まって考えなければなるまい。

整理してみると、卑金属を竈のなかに入れて、「哲学の硫黄」と「哲学の水銀」を混ぜ、火を焚く。そうすれば金銀になる。これは実現可能なのか。どう考えても無理なような気がす

ハンス・フレーデマン・ド・フリース画「*Amphitheatrum sapientiae aeternae*」（永遠の知恵の円形劇場）に描かれている錬金術師の工房

ダンテ・アリギエリ

る。現代科学でも金は人工では得られないのだから。

3

そこで思うのは、どうして竈のなかで「無理強いして」金銀を造る必要があるのか、という、単純だが根本的な問いである。鉱物を生きているとみなしていたら、土中で成長して、やがて、鉱物の種類に差異があっても、金銀になりうるものが出現するのではないか。自然の理《ことわり》に任せず、人為的に操作して短時間で金銀を得る――それが錬金術ではないか。早く金銀を得たいという人間の欲がみえてくる。錬金術の「金」が、ゴールドでなくマネーと勘違いされるのもわかるというものだ。

そうすると竈が置かれている場は錬金術師の「工房 bottega」あるいは、「実験室 laboratorio」となろう。「工房（ボッテーガ）」はそれでよいが、「実験室（ラボラトーリオ）」が曲者《くせもの》である。この単語が、lab（o）と oratorio の組み合わせであることが見抜けるだろうか。前者は英語でいう labor「労働」に相当し、後者は、イタリア語で「祈禱室」の意味である。「労働（作業）」と「祈禱室（祈り）」が重なって意味するところは、錬金術師の作業の場では、作業と祈りが共存していることで、作業は錬金作業であろうが、祈りは卑金属の、金銀に向けての成長を、それも無理な成育を祈念している。と言おうか、無理無体だからこそ祈りを捧げる、と解したほうがよいだろう。

「祈り、祈禱」は精神的営為であって、ここに物的意味はない。もちろん卑金属の金銀化達成のための祈りであるのは間違いないが、精神性・思念性が加味されて、鉱物（物質）性から乖離《かいり》する。

祈る術者にしてみれば、不可能を可能にするための必死な祈禱であって、ここに精神の浄化がうかがえる。錬金術とは、火と哲学的理論を介した精神の浄化・清浄化と言えよう。少し飛躍するが、金銀を得るために術者（自分）のほうが祈る。これは相手に変わってほしいときには自分のほうが（祈って精神を浄化して）変わらなくてはならない、という人生・社会訓にもつながる。学では得られない術の徳性である。

4

錬金術関連の書籍はたくさん出ており、自然魔術との関わりに触れているものもあるが、この二つの関係は容易には見出せない。第一、ジャンバッティスタ・デッラ・ポルタ（一五三五？－一六一五年）の主著『自然魔術』では、錬金術をやや否定して曖昧な位置に置いているし（第五巻「金属を変えることについて」がそれらしいが異なる）、カンパネッラ（一五六八－一六三九年）の『事物の感覚と魔術について』でも同様だ（第三巻第一三章「石と金属の感覚、両者の共感と反感について」)。

いまデッラ・ポルタ著『自然魔術』第五巻の「序文」の一部を紹介する。

彼は錬金術を称えているのだが、錬金術で見出したモノで一儲けしようと野心を抱くにいたって、「優れた技術(=錬金術)が、技術の乱用で信用を失い、軽視されてきた。技術それじたいは無視されるべきではなく、むしろ、哲学的精神(=祈禱)や自然探究(=自然魔術)によって大切に追究されるべきである」と説いている。道義的に真率ならば、という条件つきである。

自然魔術の書は従来「魔術」から「科学」の転換期に橋渡し役をした著作とみられてきたが、昨今は、「術」から「学」、「質的自然観」から「量的自然観」の間の「客観的学知」とみなされている。だいたい、一六、一七世紀の文献に出てくる「scienza/science」を「科学」と誤訳して、当時の「fisica/physics」を、「自然学」ではなく「物理学」と誤訳している書物も散見された時代はもう過去の代物である。科学や物理学のほうが通りがよく、魔術とのコントラストも鮮やかでわかりやすかったかもしれない。しかし、事はそう安直には進まない。科学という名称など近代の用語だ。物理学も然りである。

自然魔術とは自然をあるがままにみつめ、さらにその内奥に霊魂の存在を認める、というもので、アニミズムであり、キリスト教とはなじまない。ここでの魔術とは知識の意味で、自然にたいする知識とその探究、つまり自然探究を指す。白・黒魔術のうち、白魔術の発展したのが自然魔術である。

カンパネッラは、魔術を三つに分類している（上掲書、第四巻第一章）。

・第一の魔術：神の恩寵のない人間にはその作用が理解できない神的魔術。

・第二の魔術：星辰、医術、自然学を魔術としてみる自然魔術。

・第三の魔術：悪霊の業を用いて他人にはわからない奇蹟を行なう人物の術。

そして三つのうちで自然魔術を最高として、使い手は自然を超えて天上界に仲間入りできる、とある。悪霊魔術が使われると、生活態度などが悪い者は悪霊につけ込まれ、いっぱい食わされ、破滅の道へと落ちてゆく。悪霊魔術こそ黒魔術の行き着く先である。

これらに占星術、天文学の記述はあるが、錬金術の記載はない。

5

そうなると錬金術はどういう歴史、経路をたどって、西方ラテン世界に根づいたのであろうか。

その歴史を俯瞰してみよう。ここまでの整理ともなるので、一旦振り返ってみたい。

地理的には、三つの地域を経ている。

(一)技術面：エジプト・バビロニアの冶金術（前一三世紀以降）

㈡哲理面：ギリシアの自然哲学（前七世紀）
㈢宗教面：ヘルメス思想（後一～二世紀）
加えるに、最終的にこれらの地域を政治的に占領したアラブ・イスラーム世界の知。それが、「哲学の硫黄」、「哲学の水銀」の理論で、極度に抽象化され、ほぼ錬金術の理論が完成をみる。

㈠の冶金術ではすでに、冶金の基本作業（金・銀・銅・鉛・錫・鉄の処理）は古代ギリシア時代以前から効率よく習得されていた。金属に関しては宝石職人・金細工師に知見の豊かな職人がいた。宝石職人は、金属を「調理」するとし、その種の本として、エジプトからギリシア語で出土した「ライデンパピルス」、「ストックホルムパピルス」が著名である。

㈡のギリシアの自然哲学とはプラトン以前の、主に南イタリア（当時はギリシアと比較して地味が豊かだったため「Magna Grecia 大ギリシア」と呼んでいた）に、ターレス（水が世界を構成）、アナクサメネス（空気が世界を構成）、ヘラクレイトス（火、万

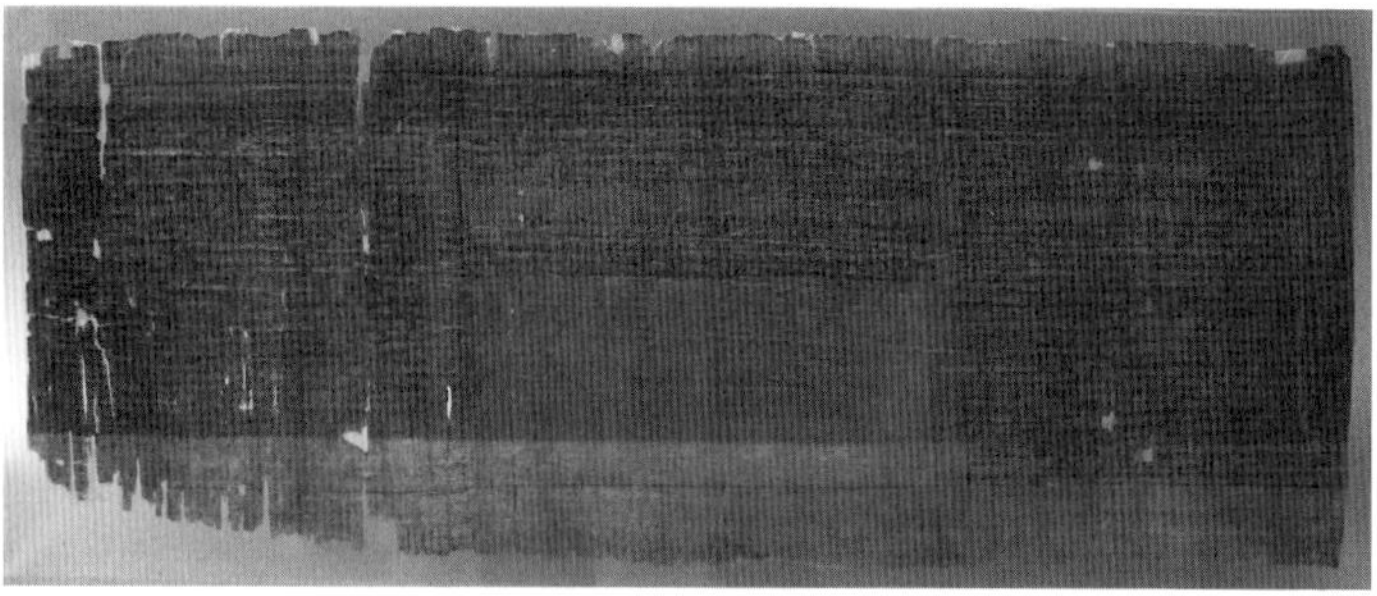
「ライデンパピルス」

物は流転する）、パルメニデス（世界は不変・不動）、エンペドクレス（火・空気・水・土が世界を構成）、デモクリトス（世界が空虚と無数の原子で成立）と、さまざまな自然観を抱く賢者が存在した。

そしてプラトン（前四二七―前三四七年）ら、ギリシア本土出身の偉人たちの活躍の番である。プラトンはデモクリトスの原子論の影響下にあったが、その物質観はきわめて観念的・理念的だった。彼は知覚可能な世界も、その実態を記述しているうちに、そのモノが変化してしまうので不確実だと考え、非物質的で無変化の「イデア」の世界を想定した。そしてエンペドクレスのように、四元素も考案した。この後アリストテレス（前三八四―前三二二年）以降は、いずれまとめて論及する予定である。

㈢のヘルメス思想は、ヘルメス教とも言われていて、古代神学の一つとされている（ほかに、オルフェウス教、ゾロアスター教）。あらためて記述するが、「叡智」を神とする創造神話で、聖書の文体によく似ている。

6

これら三つの要素が、アラブ民族によって吸収・統合され、アラビア人の考えるところの「硫黄・水銀の理論」として整理される。むろん「哲学」が冠され、理念化する。どうしてこの組み合わせができたのか、よく思量してほしい。鉱物のなかで水銀だけが液状で、下《しも》の話になり心苦しいが、濡れるのは女だから水銀は女を表わし、可燃性の硫黄は射精する男となる。人間界との類似が歴然と存在した。天界では、硫黄が太陽で水銀は月である。そして「男女間」での「結婚」が行なわれる。その他さまざまな人間界との類似が続く。

ギリシア語の文献のうち、実験や実証性を重んずる気風のアラビア人は、プラトンよりもアリストテレスの文書をアラビア語に翻訳した。もちろん錬金術の本はアラビア語で書かれ、それらが術の原典となり、「一二世紀ルネサンス」という、アラビア語を西方人がラテン語に翻訳した一大翻訳文化運動が起こって、南欧・西欧に流れ込んで根づいた。西方のひとたちは、一所懸命アラビア語を学んだ。時は「第一回十字軍」（一〇九六－一〇九九年）の時代。道路が整備されていないと行軍は難しい。十字軍が成立したのは、交通に難儀しなかったからだ。

主に、シチリア、スペイン、南フランス、ヴェネツィアなどで翻訳作業が行なわれ、アラビア語の錬金術の文献が西方でラテン語に翻訳された。次章ではその原著者（アラビア人たち）と翻訳者（西方ラテンの知識人たち）のことを述べよう。

さて、本章の最後は錬金術というイタリア語の語源の説明で幕を閉じたいが、そのまえに、これまで、思念（哲学）と技術（作業）の双方から錬金術を眺めてきたのを拡大して、以下のように分けてみたい。思弁的錬金術と実際的錬金術とである。ただし、この「列伝」では錬金作業《オプス》までは言及しないことをあらかじめ断っておく。

思弁的錬金術：思弁的な錬金術というものは、物質の生成を取り扱うものである。その生成は元素、あらゆる無生物、単純であったり複雑であったりする生物、一般の石や宝石、大理石、金や他の金属、硫黄や塩類、顔料やラピスラズリなどの絵具、油や燃えるアスファルトなど無限のモノから行なわれる。

実際的錬金術：この種の錬金術は、貴金属、絵具類、その他多くのモノを、自然が作り出すより遥かに良質でかつ豊富に作り出す方法を教えるものである。この種の術は従来の学知よりも遥かに大きい有用性を持っている点で偉大なものである。それは富と公共の善のための多くのモノを生成するだけでなく、自然から与えられた寿命よりも、遥かに長く人生を延長できるような物質を発見する方法も教えている。それは思弁的な錬金術をその結果によって確実にするばかりでなく、また自然哲学や医学をも確固たるものにする。しかもこれに関する書は医術のテキストとしても平易である。

7

「錬金術」は、イタリア語で alchimia、英語で alchemy である。al は、アルコール、アルカリ、アルジブラなどの「アル」と同じで、ともにアラビア語の定冠詞に該当する。chimia, chemy は、「金属を変容させること、つまり『賢者の石』」の意味であり、化学を意味する chimia、chemistry の語幹である。だが、もともとは khem から派生したものらしい。khem は

「賢者の石を求める錬金術師」ライト・オヴ・ダービー画

エジプトの太古の呼称で、「黒い土地」を表わす。したがって alkhem とは「黒い土地の業《わざ》」の意味である。エジプトの、太陽で焼き焦がされた土地が想起される。

遅ればせながら「賢者の石」がやっと登場したが、「変容させる」のが役目だから「触媒」である。卑金属を貴金属に変容させるには「賢者の石」が必須で、まず錬金作業では、賢者の石を造ることから始まる。

アラブ世界へ

1

アラブ世界の錬金術はギリシア世界の錬金術の、言ってみれば「要約」なので、今回はギリシア文化の自然哲学と、ヘルメス思想を眺め、アラブ世界の錬金術へと向かおう。ギリシアの自然哲学の感化とは、火、空気、水、土（軽いモノから重たいモノへ）の相互変換の理論である。これは次章「医化学派の成立」のときに詳しく説明する。この哲学の影響下、当初の冶金術が、本性（魂・霊魂）の発見によって人間化された（これは擬人化の始まりを意味する）。また惑星との照応も考慮されていた。例えば、太陽と金、月と銀、金星と銅、土星と鉛、火星と鉄、木星と錫、水星と水銀、といったふうに。

錬金術を錬金術ならしめているのは、何よりも、ヘルメス思想である（錬金術は中世まで「ヘルメスの科学」と呼ばれてきたくらいである）。ヘルメスとは「魔術師列伝」の最終章でも述べたように、エジプトの神トートのギリシア名である。トートは神々の書記的役目を果たし、学術や魔術の神とされた。当時の書物には多く、このヘルメスの名が象徴的に付された。

このヘルメス・トリスメギストス（三倍も偉大なるヘルメス）によって著わされたと信じられた書物が『ヘルメス文書』である（一五世紀後半、フィレンツェのマルシリオ・フィチーノ〔一四三三－九九年〕がギリシア語からラテン語に翻訳した）。『ヘルメス文書』は前三世紀から後三世紀の間（特に、後一、二世紀）にエジプトの知の中心地だった、ローマ帝国治下のアレキサンドリアで口頭にて、教義が伝授されたものを筆記したものである。

当時の知識人たちは、ギリシア哲学（特にプラトン哲学）の教えを受け継いでいた。しかし反復学習のような硬直化した暗唱には満足せず、プラトン哲学を軸に独自の哲学を打ち立てようとした。秘密裡に組織が形成され、上記のように教義の筆記が始まった。それが『ヘルメス文書』となる（後三世紀まで）。内容も多彩で、神学、占星術、医学（医術）、錬金術、魔術等であった。その内実はきわめて瞑想的、神秘的だった。

2

ヘルメス思想を一言でまとめると、「事物・生命の秩序的連鎖」と言えよう。つまり秩序を重んじて、上位のもの（原型・一者）の模倣として下位の者が生じるという考えである。例えば、「星辰界」が「地上界」を支配する力は「運命」としてみなされ、宇宙《マクロコスモス》と地上界《ミクロコスモス》が照

両性具有（ヘルマプロディトゥス）の図

応・感応の関係として把握された。
『ヘルメス文書』のなかの「ポイマンドーレス」には次のような記載がある。

世界よ、私の声に注意を向けてくれ、地よ、開いてくれ、大量の水が私に向かって開いてくれるように。木よ、ふるえるな。私は主とすべてと一を崇め称えたい。空が開いてくれるように。そして風がおさまり、すべての私の機能が、すべてと一を崇め称えるように。

「すべて（＝全）」と「一」の原理で、これこそ錬金術の基本原理であり、「対立物の一致」と「物質の相互変換」の理論を確定するものである。後者のほうは先に述べたように章を変えて解説する。ここでは「対立物の一致」に言及しておく。

錬金術の表象としては「両性具有《ヘルマプロディトゥス》」が最もわかりやすいだろう。男性器と女性器が一点で交差しているのである。対立物とは「男」と「女」を指す。先述した「魔術師列伝」で、一四〇〇年から五〇、六〇年代まで活躍した三人の人士（ロレンツォ・ヴァッラ〔一四〇七－五七年〕、ニコラウス・クザーヌス〔一四〇一－六七年〕、エネア・シルヴィオ・ピッコローミニ〔後のピウス二世。一四〇五－六四年〕）を取り挙げたが、「対立物の一致」の説明には、ふたたびニコラウス・クザーヌスに登場してもらおう。

「対立物の一致」とは究極的には「調和」を意味する。私はこう説明することにしている。英語構文の、All you have to do is to do～という英文を掲げる。訳は「君がしなくてはならないすべてのことは～することである」。これはallを円とすると、円の内側からみたわけだが、allを円として、それを外部から眺めたら、「君がしなくてはならないのは～『だけ』である」となる。これをもっと砕くと、「君は～だけをすればよい」、「君は～しさえすればよい」となる。

即ち、allという「すべて（最大）」が「だけ（最小）」になり、視点が変わってallの意味に変化が生じたのだとわかる。「最大」と「最小」の一致（調和）で、「対立物の一致」と言えよう。この訳出方法はプロセスが肝要で、初っ端から「～しさえすればよい」と教示してはいけない。

3

錬金術が別名、「ヘルメスの科学」と言われているのは前回*1*で述べた。ヘルメス思想の根本を述べている「板」に「エメラルドタブレット」がある。ヘルメス自身がエメラルドの板に刻み込んだと言われており、一二世紀にアラビア語からラテン語に翻訳された。箴言《しんげん》的な口調の全一三章からなる短文の集成である。ここでは、それらをわかりやすく口語に直して掲載しよう。（　）内は著者の補足である。

あなたは常に真実を語り、実に神聖この上ない方です。あなたは信じられないことをなさいますが、それは宇宙の事象と地上の現象が相関関係にあることを示してくれることです（天地照応、マクロコスモスとミクロコスモスの感応）。この世のあらゆる現象は一なるもの（一者）に端を発していて、その一なるものが姿形《すがたかたち》を変えている、と私たちの目には映るのです（一者の円環・循環の理念）。森羅万象は私たち人間の類似でもありますから、この宇宙も含めて、太陽（火）は父、月（水）は母、風（空気）はあなたの胎内に宿って、乳母である大地（土）からの実りであなたを育てて下さいました（四元素の原理）。

こうして成長したあなたはこの世で最も完璧な父であって、その威力たるや、大地を支配下に置き、はたまた、人間の文化的営為の始原とおぼしき火と、自然の源である大地、精妙なるものと粗雑なるものを、巧妙に分離するのです（蒸留作業）。

またあなたは天地間を自由に往来し、事実の優劣を見定め、世界のひとびとの蒙《もう》を啓《ひら》いて栄光に浴させ、万有のなかで一等強い方で、その威力を武器に全固体に浸透する（精気《スピリット》、キリスト教の「聖霊」ではない）ことも可能です。世界はあなたのこのような術で創造されたのです（創造神話）。まったく驚くべき業《わざ》で、既存の世界を変容させた仕掛け人なわけです。

全世界の物体に浸透したあなたは、個人の霊魂とはべつに、世界霊魂の異名を得て、一なるものの叡智の三部分（最高の哲人、最高の神官、法の執行者）を補う始原の神学者とみなされています。太陽の恵みに誓って、以上の物語に嘘はありません。


「叡智の三部分を補う始原の神学者」こそが、言うまでもなくヘルメス・トリスメギストスである。この「エメラルドタブレット」は中世・西方ラテン世界の錬金術思想に大きな影響を及ぼした。「あなた（スピリット＝精気）」とは一種の触媒で、類稀な力を持ち、天地間に充ち、万物に浸透してそのモノをそのモノならしめる。このスピリットが凝固したのが「賢者の石」である。「エメラルドタブレット」とは、掉尾《ちょうび》近くの文言にみられるように、一種の世界創造神話である。それも唯一神のキリスト教とは異種の、複数形の汎神論的世界創造神話である。口語訳の原文の「精と粗を、静かに巧みに分離すべし」は蒸留の過程を述べたもので、これ

エメラルドタブレット

が「近代化学」へと発展する（この蒸留が錬金術で使われたフラスコなどのさまざまな器具とともに近代化学誕生の元となる）。「エメラルドタブレット」が錬金術の基本文献であるのは言うまでもないが、「宇宙の事象と地上の現象が相関関係にある」といった文面から、古代より存在している「大宇宙（マクロコスモス）と小宇宙（ミクロコスモス）の照応・感応」の思想を述べている。

錬金術の場合、物質（金属）界（ミクロコスモス）の変成と、精神（祈り）界（マクロコスモス）の深化となって顕現してくる。また「一者」という存在もあって、その一者の分身が流れ出し、一者が万物に

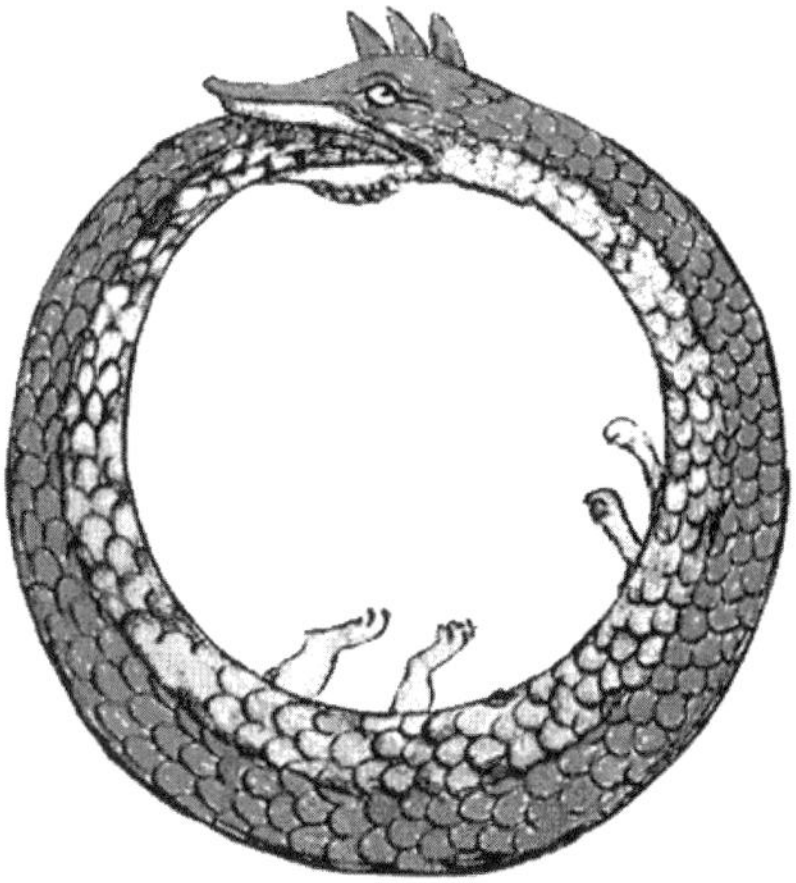

ウロボロス

宿ってゆく、という「生命の秩序的連鎖」の理念がうかがえる。一者が森羅万象に留まるわけだから、「一」でなくて「多」であって、一神教のキリスト教からすれば異教に相当する。

それは「一即全、全即一」といった一者の遍在で、言い換えれば、「生死円環」、先述の「両性具有」という「対立物の一致」となり、一元論の世界を形成する。「ウロボロス（尾をむさぼり食らうもの、の意）の蛇」の図がよい事例である。始まりもなく終わりもない、円環（循環）の思想を表現しているこのウロボロス、キリスト教では敵役《かたきやく》である。

4

七世紀になるとアレキサンドリアのほかに、シリアのハッラーン（古代シリア地方北部の都市。現在はトルコ南部のシャンルウルコ県に当たる）もヘルメス主義の拠点となって、アラブ世界に伝播

『フィフリスト』

ジャビール・ハイヤーン

した。その経緯はイブン・アン＝ナルディーム（九三二？－九九〇年）著『諸学目録《フィフリスト》』に詳しい。
本章の冒頭で述べたように、アラブの錬金術はギリシアのそれの「要約」である。いま二つに分けて説明しよう。これまでの話でもわかるように、物質面と精神面とに分かれる。

両者の「不即不離」を提唱したジャビール・ハイヤーン（七二一？－八一五年）は物質変換の操作によって一者（「一者」は新プラトン主義の基本語で、キリスト教の神とは異なるが、それと似た存在といまは解してほしい）への自己回帰を主唱しヘルメス思想を正統的に継承し、新たに「硫黄・水銀の理論」を樹立した。著書『百十二書』で、以下のように述べている。

金属はすべて本質的に水銀と硫黄からなる。……水銀と硫黄が結合しても、ともに、それ自身の本性を保持している。そこで起こっていることは、その両者の部分が弱められ、互いに近似してくるので、目には出来上がったのが、一様にみえるだけである。……原理そのものの変質は自然哲学においては不可能である。

ここからわかること、ジャビールが言いたいことは、錬金術ではその術での物質面と精神面が上述のように「不即不離」だ、ということである。ジャビールの物質面を継承したのが、『秘宝の書』の著者、一〇世紀のアル＝ラーズィー（八六五－九二五年）で、精神面の後継者が『金の培養の知識』の著者アル＝イラーキー（生没年不詳）である。

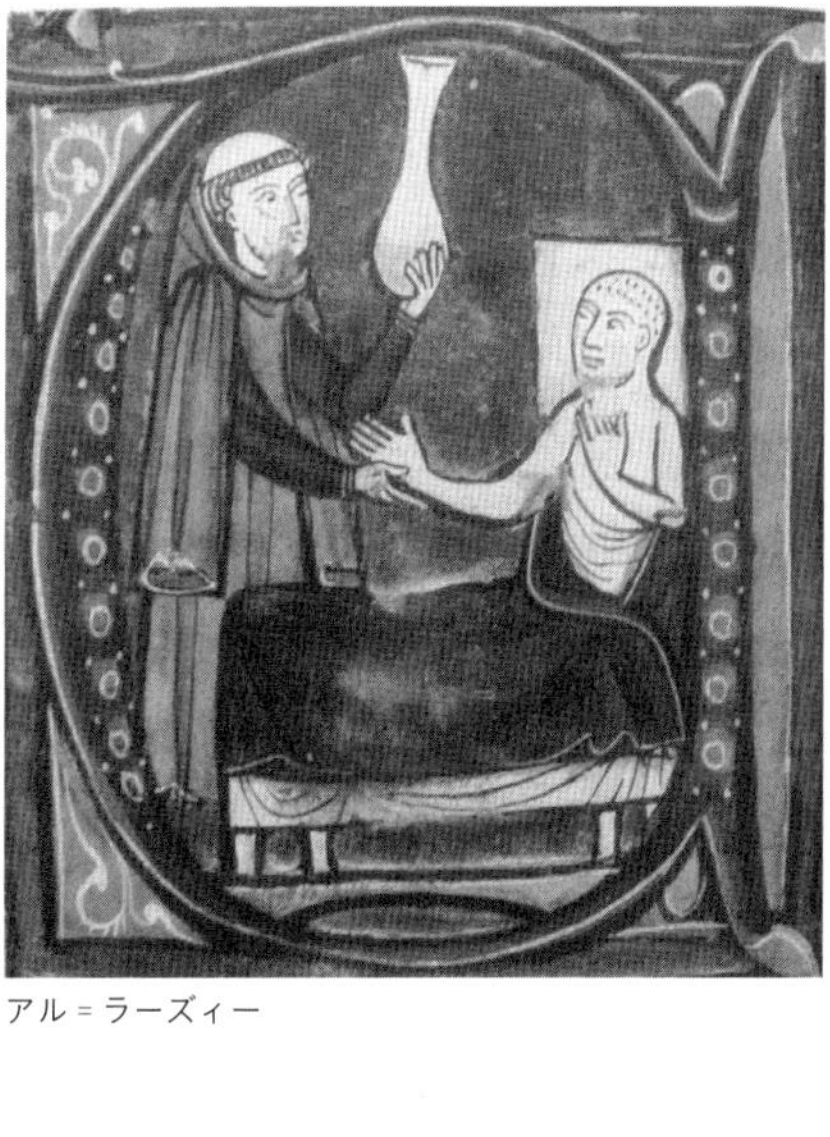

アル＝ラーズィー

これ以前になるが、九世紀にはウスマーン・イブン・アル＝スワイドが『哲学者たちの論争』を書いている。「錬金術進歩のためのヘルメス会の報告」と銘打たれた、哲学者たちの会合の報告書である。ベルス、パンドルフス、ピュタゴラス、アナクサゴラス、パルメニデス、ソクラテス、ゼノン、プラトンなどの名が見受けられるが、彼らの哲学とは何ら関係がない。

5

これらアラブの錬金術が西方では二人の偉大な人物に受け継がれた。

一人目はイングランドのフランチェスコ会士である、ロジャー・ベーコン（一二一四？－九四年）で、このひとは「工芸・機械術」にも秀で、抽象的意見には否定的で、聖書に基づく神学を最高のものとしながらも、数学と経験を重視した。これは保守的な教会批判へとつながり、フランチェスコ会の許可のない著述活動が禁じられ、不遇時代が長く続いた。

錬金術では、諸要素からなる全事物の生成を扱う思弁的な面と、技芸《アルス》によって、高潔な金属色などを造る作業的な面を、認めている。「思弁＋実践」である。

ベーコンの見解に好意的な人物が教皇の座に就いてはじめて、著作が許された。その主著が『大著作』（一二六七年）だった。その第五部がレンズについての研究で、「採光認識学」の紹介となる。これにルネサンス期に数学が加わって「遠近法」の樹立をみる。

さらにベーコンはアラブの実証的・経験主義的研究方法にもとづき、自動車、潜水艦等の実現を予想するなどして「驚異博士」と呼ばれた。

二人目はドイツのドメニコ会士で、トマス・アクィナスの師でもあった、アルベルトゥス・マグヌス（一二〇〇?―八〇年）である。彼は、金属から他の金属への変成、錬金薬と呼ばれる医学的解毒薬が金属の病気を治すことを否定しつつも、こうした用語を用いて自然界での金属の生成を議論した。時代は進んでいるかのようにみえるが、視座は「金属の生成」という地点にあって、一歩も前に出ていない。

ロジャー・ベーコン

アルベルトゥス・マグヌス

彼はアラビアの「硫黄・水銀の理論」を十全に把握していたようで、錬金術の著書として、『錬金術に関する小書』、『小錬金術』がある。後者は後世の錬金術師に多大な影響を与えた。
マグヌスはあらゆる学知・学問に精通していたので、「全科博士」と称賛された。

6

ここで、ルネサンス期をやがて迎えるのだが、現在の「歴史学」の見地では「ルネサンス時代／期」という設定はない。中世末期あるいは近世と呼ぶ。それゆえ文化面を強調したいときには「ルネサンス文化現象」と呼ぶのがよい。さてこの「文化現象」は、キャロリン・マーチャント『自然の死』の次の文章が的確に言い当てている。

ルネサンスの有機体説すべてに共通していたことは、宇宙のあらゆる部分が互いに関連し合って統一体を成しているという前提だった。「自然の親和性」により、万物は互いの引力または愛によって結ばれていた。……パラケルススは「ある物がその構成成分の過ちで苦しむときには、他のものたちも不幸になり、……われわれの欠陥を天空がみつめているのと同じように、天空の欠陥や過ちをわれわれは目撃することができる」と述べている。

次章では引用文中に出てきた、パラケルススに言及する。上記の文の基礎には、共感魔術と、天地感応・照応の思想がある。「親和性」という言葉で、マーチャント女史はうまくまとめている。

パラケルスス（一四九三‐一五四一年。本名テオフラストゥス・ポムパトゥス・フォン・ホーエンハイム）で、パラケルススにいたって錬金術は新時代を迎える。

彼を一言で表現すれば、放浪と批判と刷新の人と言えよう。スイスのシュヴィッツ州アインジーデルン近郊で、医師であるとともに錬金術師であった父の子として生まれ、父から医学と錬金術を学び、次にバーゼル大学に籍を置き、そしてシュポンハイム修道院長ヨハネス・トリテミウスの下で修業した。

その後、チロル地方の鉱山に出向いて、採鉱の技術や鉱物の性質、鉱夫の病気の研究に没頭した。医師としてはスペイン、オランダ、イタリア、フランス、サクソニア、ポーランド、ハンガリーなどを遍歴して、各地の呪術師、外科医からあらゆる種類の医事的事例を修得した。呪術と外科の恩恵をこうむっているようだが、次章、内科学の出発点をこのパラケルススが築くことになることを明かそう。

パラケルススを中心として

1

パラケルススの錬金術や医学の思想にいきなり入ってゆくと、鬱蒼とした原始林に足を踏み出すがごとしで、迷いに迷って抜け出せなくなる。そうした錯綜した思念を持つ人物を相手にするときには、その著書に目を通して、本文中に核を見出せばよい。彼の関連著作品は、管見によれば、書物が五冊、大著のなかの一部が抄訳されている。ともに難解である。翻訳の労を取られた方々には礼を失するが、もう少しわかりやすい日本語に訳してほしかった。

いまそのなかから『奇蹟の医の糧』を検分してみよう。この著作は医学（医術）の転換期を生き、精力的に患者の治療に当たったこの人物の内面から湧き出た金言に充ちた書と言える。

第一章：医師は三つのもの（哲学者・天文学者・錬金術師）として熟練していなくてはならない。

第二章：自然とは病人に医薬を与えるものである。医師は自然から成長しなくてはならない。ライプニッヒやウィーン大学からでなく、自然からなのだ。
第三章：自然は等級づけられるのを忌み嫌う。自然の正しい秩序が望むのは、構造原理が構造原理に対比され、身体部分が身体部分に対比されることである。
第四章：健康にせよ、不健康にせよ、天の運行がその事態をみつけ出して導くように定められている。
第五章：人間に役立つために自然から成長してくるものを、その本性によって秩序づけるところまでもたらす者こそ、錬金術師である。
第六章：錬金術によって「アルカナ arcana」の調整と製造が行なわれる。アルカナとは、効能と効力があり、揮発性で物体的ではなく、カオスであり、明るく透明で、星に導かれる。

パラケルスス

各章を吟味すると、医師にして錬金術師でもあった、パラケルススの思想がよくわかる。
第一章は、医師が理念性を重んずる哲学者であり、また星辰の運行にも詳しくて、かつ錬金術師——ここでは何らかの方法で治療を行なう人物——であるべきだと読める。

第二章は、文化の発祥地は大学ではなく「自然（在野）」からだと明言していて、これは彼の人生行路とも重なってくるが、ルネサンス文化の特徴の一つでもある。

第三章では、自然の望む秩序とは、その構造でも、身体でも「対比」にあり、そして自然には「秩序」があると述べている。

第四章では、人間の健康・不健康は天の運行に左右され、天上界（マクロコスモス）と地上界（ミクロコスモス）の照応・感応の感化を受けると述べている。

第五章は、この一文こそ、錬金術師の定義であって、味わい深い。

第六章は、「アルカナ」についての説明である。それは効能と効力（隠された力＝オカルトな力）があって、おそらく物体の形状ではないらしいので、液状に違いない。アルカナの複数形「アルカナヌム arcanum」はパラケルススの錬金術でのみ製造されるもので、つまりパラケルススの錬金術はアルカナを製造することにあって、彼の医学の中心的役割を担っている。複数形のアルカナヌムは神秘とか秘術とかを顕現して、宗教的用語に近い。パラケルススにとっての「錬金薬《エリキシル》」か。パラケルススは医師でありながら錬金術師でもあるので、両者の要素を兼ね備えた、というよりも、錬金術を医学の進化に利用した人物でも、またその逆であるとも思える。ともあれ、患者の治療を第一義とした彼がこうした両義的存在であったことは理に適っている。

「カオス」とは天地の中間領域で、天体の性質を、大地の被造物の裡に刻印する際に、その性質を伝える媒介的な役割を果たしている。生物が呼吸によって生きるように、生命の源としての大気を形成しているのが空気、即ち、カオスである。

まとめるのに苦労するが、上記の六つの章の内実からある方向性がみえてくる。「自然」―「秩序」―「天体の運行」―「錬金術師」―「アルカナ」―「カオス」である。これは錬金術師の思考の枠内の表現と言えよう。

2

それではパラケルススの案出した、彼にとっての錬金術を解説してゆこう。時代の転換期であることから、新規な要素が加味される。それは、「哲学の硫黄」、「哲学の水銀」、それに「塩」である。即ち、「三元質」の理論を彼は考えている。もちろんこの場合の「三」は、「三位一体」の三である。アニミズムの錬金術は、一神教のキリスト教から弾圧されてきたが、錬金術師自身はほぼキリスト教者である。矛盾が生じるが、身の裡で、ルネサンス文化を特徴づける折衷や調和・融和を行なってきたはずだ（ルネサンスは「寛容の時代」と言われてきたが、当時の文献を読むと、ペトラルカをはじめ、みな異教とキリスト教との「折衷」であることがわかるだろう。例えば、「キリスト教人文主義」）。

この塩とはいったい何か。硫黄と水銀との差異は何か。どこが重なっているのか。理解しやすい部分からみてゆこう。

硫黄は男性で可燃性、水銀は女性で可溶性、ならば塩は中性で不可燃性となろう。この塩は現存する塩ではもちろんなく、「哲学の塩」かもしれないが、パラケルススは、「灰のなかに見出される」としている。物質が燃えたあとに残る「灰のなかに」、という意味か？

医師の立場からすると、ここで初めて述べる象徴事例だが、硫黄は「霊魂」、水銀は「精神」、塩は「身体」と彼はみなしている。「霊魂」＋「精神」＋「身体」＝「肉体」、という新たな概念が表出する。いずれも大切だが、「霊魂」は真に掌握できず、あとの三つは、「霊魂」ほど難解ではない。そして医療で肝要なのは、その対象が「肉体」にあることである。「精神」も「身体」も、「障がい」を付すことのできる言葉である。精神障がいは主に疾病、身体障がいにも疾病由来のものが多くある。病は「肉体」に宿って、その対意語は「意識」であろう。「意識の喪失」は死期に近い。

パラケルススは錬金術師としては「塩」を、医師としては「肉体」を案出した貢献者と位置づけられる。

3

パラケルススの「硫黄・水銀・塩」の三元質の理論は、「医化学派」を生んで、近代内科学の発展を牽引してゆくことになるのだが、ここでは医化学派の誕生までを追ってみたい。話はプラトンまで遡る。近代自然科学が生まれる素因がアリストテレスでなくプラトンにある、と発言した。その話の続きである。

プラトンの四（四大）元素の理論では、軽い順から、「火」、「空気」、「水」、「土」だった。

この場合の火は「エネルギー（文化）」、空気は「気体」、水は「液体」、土は「固体」の象徴である。これにたいして、具体性を重んじる弟子のアリストテレスは、比喩的に言えば師の説の隙間を埋めようと精励した。「エーテル」（五番目の元素ゆえ「第五元素」、かついちばん肝腎要だから、第一質料《プリマ・マテリア》）と、四つの特質（熱・冷・乾・湿）を提示した。理論的には、四特質のうち二つが組になって、エーテルと合体して四元素を生む、というものだ。

エーテルについては、「魔術師列伝」で触れたが、ここでは重さもなく、実体も特定できない、光のようなもので、存在の証

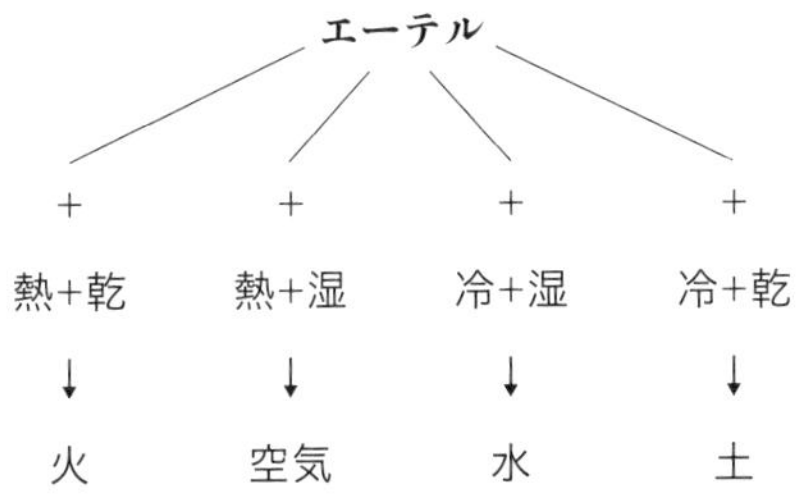

プラトンの四元素

ヒポクラテス

ガレノス

明も非証明も不可能とされる。これが、錬金術の塩と同一視されるに及んで、医学の道に新たな光が投ぜられる。これまでの「四体液の均衡」という、古代ギリシア・ローマからパラケルススの登場まで信じられた説がくつがえる。

著名な二人のギリシア人医師を挙げよう。ともに四体液説を提唱、支持した。

ヒポクラテス（前四六〇？－前三七〇？年）：臨床医学とガレノス（一二九？－二〇〇？年）：生理的医学である。

四体液説とは、古代ギリシアの医師ヒポクラテスや、ローマ帝国時代のギリシア人医師ガレノスが提示した、病は体液のバランスの異常で起こる、という説で、四体液の均衡が保っていたら健康状態を指す。
・血液：静脈を流れている。
・粘液：脳や神経を取り巻いている髄空内の白色の液体。
・黄胆汁：肝臓とそれに付着する胆嚢から流れてくるさらさらした苦みのある液体。
・黒胆汁：脾臓から流れる黒い胆汁→現代医学では不分明。

パラケルススは四体液説の否定から「医化学派」の創始者となった。彼は鉱山の地の出身者だったこともおそらく起因して、鉱物（学）と錬金術と医学とを結びつけ、鉱物を「薬」として、初めて薬を用いての医療を目指した。水銀などは毒だが、錬金術じたいが鉱物の術だから、親和性は見て取れる。パラケルススの発想には錬金術師のそれがあり、水銀への物質観もその重要性を明言して、「駆梅療法」（梅毒の治療法の総括的呼称）に水銀を利用しているし、病原体を医薬によって退治しようとする医学観を保持していたことが把握できよう。しかしこれだけでパラケルススを近代的医学の開拓者とみては、彼の実像を見失う恐れがある。近代（内科学）は、医薬と医学の厳格なせめぎ合いのなかで生まれたものだからである。

さてここで遅ればせながら、「物質変換」という錬金術の基本理論を述べておこう。事例として、水（冷・湿）の属性の物質を火で熱すると、空気（熱・湿）になり、さらに熱して乾かすと、火（熱・乾）へと変化する。即ち、物質がその属性を変えると別の物質に変わる、という具合である。この理屈が案外通ったので、昔のひとたちはおおいに信じたようだ。アリストテレスの『気象学』に同様の記述があったので、錬金術師たちはそれを準拠に、金属変成に熱を上げたのだろう。

4

さてあらためて錬金術とは何か、を医学との関係で問うてみよう。錬金術とは、鉛や錫などの卑金属から、金銀という貴金属を得るものであって、これは言い換えれば病者が治療を受けて健康を取り戻すことでもあり、両者を総じてまとめると、「不完全」から「完全」なるものへの移行となろう。そこに触媒である、錬金術では「賢者の石」が、医学では「医薬品」が介在している。

パラケルススは錬金術と医学の二つの流れに新たな経路を開いた人物であろうか。彼の錬金術重視の理由は、金の製造のためでなく金属の分離と化学薬品の調合のためであった。彼は多くの造語を創案し、なかでも錬金術を、spagiria としたが、この単語は「抽出する」と「集める」を意味するギリシア語に由来している。パラケルススにとって錬金術とは「自然それじたいでは完全へといたらしめえないものをあまねく完全へと導く術」であるとともに、「医学の調教師にして、医学を清浄無垢、完全無欠ならしめ、医師の知を完成せしめるもの」

だった。

しかしながら自然観からすると、自然の裡の「隠された力」を利用して「不完全さ」に「完全さ」を回復しようとする力と知識を指すと思われ、あくまでオカルトの自然観に立脚している。

これはガリレオ・ガリレイ（一五六四―一六四二年）の主張した「自然＝もうひとつの聖書」説とは軌を一にしている（村上陽一郎）。即ち、神の書いた書は、「聖書」と「自然」の二つであるという点で同意見だった。だがそれ以外の点では多少の齟齬《そご》がある。錬金術師たちの自然観は自然魔術師のように、上に記したオカルト的なものに固執して、自然のみならず他のものの「不完全さ」に「完全さ」の復活を希求した。これを「治療」と彼らが考えたのはしごく当然であった。

錬金術の視点から内科的面に目を向けたが、これでは近代内科学の入り口にはほど遠いことがみえてくる。パラケルススに衆人の関心が集まるのは、その曖昧さや、転換期を生きたことによるもので、大学ではラテン語を用いずドイツ語で講義をしたという近代性は認めうるが、自然観という点では、ガリレイの数学的自然観（「自然という書物は……数学の言葉で書かれている」）とは一線を画することになる。それだけガリレイの思考力・判断力は合理的で、ニッコロ・マキァヴェッリ（一四六九―一五二七年）が「政（治・宗）教分離」（『君主論』第一五章）を公言したように、ガリレイは「宗教と科学の分離」を成し遂げた。彼は神を顕彰し信仰の

アンブロワーズ・パレ

対象とはするが、分析・研究などはしない、という立場だ。ここに近代世界の黎明が訪れる。

ちなみに近代外科学の祖の出現は、内科学より早かった。フランスの従軍医師アンブロワーズ・パレ（一五一〇？－九〇年）の尽力による。平時は臨床医（国王からパリの一般市民まで）で、フランス語による論文・著書を残した。ラテン語を使用せず、大学も卒《で》ていない。戦時は従軍医師。当時外科医は内科医より身分が低く、散髪屋が兼ねていた（理髪外科医）。火砲による負傷者も多くいて、パレは結紮《けっさつ》（編んでつなげること）の方法を案出した。画期的な治療方法だった。国王等の外科医でもあり、『外科学一〇巻』（一五六三年）を著わした。

外科的発想と、錬金術の曖昧模糊とした思念の世界は比較に値する。外科のほうが、可視的ゆえかよほどすっきりする。

5

紙幅に限りがあるので、最終章にパラケルスス以後の「列伝」を託して、ここでは分析心理学者カール・グスタフ・ユング（一八七五－一九六一年）の錬金術に関する見解に耳を傾けてみたい。代表作『心理学と錬金術』に明らかである。

ユングは当初、フロイト（一八五六－一九三九年）の学説の熱心な支持者、つまり個人的無意識の領域に関心を寄せていたが、その後リビドー（人間のすべての行動の基底となる根本的エネルギー）および無意識の領域に研究を進めて、集合的無意識の分野に向かった。これはフロイトとの訣別の前兆であった『リビドーの変容と象徴』（一九二九年）まで遡る。

ユングにとって集合的無意識とは、明と暗、善と悪といった対立物を内包し、常に二つの顔を有している、「対立物の一致」を宿す意識のあり方である。そこには錬金術を、キリスト教文明と意識・自我万能の西洋合理主義の陰なる存在として、無意識の問題と等しくみなすユングの考えが反映されており、ユングが錬金術に着目した理由が理解できる。

『心理学と錬金術』を貫く根本理念は何よりも個人の持つ経験の尊重と、錬金術的経験を促す要因として、反キリスト教の姿勢を基調としている点にある。

西欧社会を支配したキリスト教という客観世界にたいして、キリスト教では汲み尽くしえない主観世界に没入する一群のひとたちの心的有様である。客観世界に反発して自己に閉じこもることによって生じる、「公理」から「隠れた『私理』（きわめて主観的な世界）」、神秘的な世界も当然生じてくる。術師の一人ひとりが公の世界に背を向けて自己に没入し、自己の内

ジークムント・フロイト

カール・グスタフ・ユング

的体験を踏まえ、体験によってしか掌握できないものがあると認識したとき、その種の過程は「術」の一つとなって映る。ユングもやはり錬金術を、化学史的側面（実践面）と精神的側面（思弁的面）の二つに分けて、精神的側面として哲学・宗教・心理学との関わりに目を注いでいる。彼の関心はもっぱら精神面で、わけても無意識の心理学を提言した人物らしく、「夢（無意識）」と意識の関係を、錬金術とキリスト教の関係になぞらえている。

　ユングが言うには、キリスト教と錬金術の関係は相互補完的で、地上と地下、昼と夜、現実と夢のようなものである。総じて錬金術は、キリスト教のもたらす緊張による精神的裂け目を埋める役を担っている。

錬金術はキリスト教ではおおい切れない無数の分裂面を補完する役目を負っている。これはキリスト教vs錬金術という安易な図式では割り切れない表裏の補完、侵食関係を表わしている。さらに錬金術は占星術とともに、自然（無意識）への橋渡しの役目を果たしてきており、キリスト教の拡張過程において排除された諸「元型（人類に共通するとされる普遍的無意識の裡にあるイメージの型。アニマ・アニムスなど）」に投影の機会を与えた。

最後の錬金術師ニュートン

1

これまで錬金術の中軸となる人物を挙げて言及してきたが、パラケルススより前の人物にも触れながら、ニュートン（一六四三－一七二七年）へと向かおう。ニュートンを錬金術師とみなすのはおかしいと思う方もいるだろうが、私は錬金術師と考えるのがふさわしいと考えている。

以下、番号をつけて挙げてゆこう。

1．ニコラ・フラメル（一三三〇?－一四一八?年）

フランスはパリの人物で、職業は「代書屋兼出版業者」であった。「代書屋」とは遺言書や不動産取引の契約書、裁判の書類などの公文書を作成する職業で、「出版」のほうは、いまだ活版印刷術が発明されていないから、書物の書き写し業を意味した。裕福だが一般的な市民で、多数の慈善事業（病院経営など）を行なった。

　没後二〇〇年の一七世紀に『象形寓意の書』なるフラメルが書き残したとされる本が発見された。ここで彼は錬金術師という名声を得た。この画期的な書は別名「『アブラハムの書』の解説書」とも言われ、文章はヘブライ語、それに抽象的な寓意図つきで、錬金術の奥義書と評価された。

　フラメルは生前、西方にはヘブライ語に堪能なユダヤ人・ラビがたくさん住んでいるという情報の下、スペインに向かっている。彼はカバラ*の秘法に精通したユダヤ人カンシェ師の助力を得て、『アブラハムの書』を解説した。

ニコラ・フラメル

　一三八二年、彼は金産出の実験を、妻のみているまえで実施した。

　長年の研究の結果生み出された灰色の物質に、半ポンドの鉛と白色の物質（「賢者の石」）を混ぜて「銀」を得、次に、白い物質（フラスコのなか）と熱を加え、虹色→黄色→橙色→紫色→赤色と変化させて「賢者の石」を得、同量の赤い物質（賢者の石）と水銀から同量の黄金を抽出した。

この実験を三回繰り返したという。

＊「カバラ」とは、ヘブライ語で「口伝」、「伝授」の意味で、口伝されるものは、「最高の叡智＝神の能力」とするユダヤ教の一思想である。成立は三〜四世紀で、原典は『形成の書《セーフェル・イェツィーラー》』。内容は神のそばに寄って、「完全なる人間」を目指すことで、これが錬金術の、「魂の浄化による完璧化」であるという思想に酷似している。さらに、錬金術による人造人間を「ホムンクルス」、カバラのそれを「ゴーレム」と呼ぶ。

2

2. ヨハネス・トリテミウス（一四六二－一五一六年）

ドイツ人で大修道院長なのに魔術師・歴史家。多数の隠微哲学の本を著わし、当時の著述家や芸術家に影響を与えた。とりわけ『オカルト哲学』（一五三一年）の著者コルネリウス・アグリッパ（一四八六－一五三五年）は強い刺激を受けた。

早くに父親を亡くし、粗暴な義父とともに暮らした不幸を勉学によって乗り超えようとして、その最中に神秘主義やオカルトの文書に親しむようになり、後年天使が、子供の頃自分の下に現われて、神秘主義とオカルトについて記された二つの銘板を提示した、と回顧している。彼が一枚を選んだ後、天使が「その祈りの言葉を果たすように」と約束を交わして消えた。この天使との出逢いが彼のオカルト作品に影響を及ぼした。夜中に密かにラテン語の修得に努めた。

二一歳（一四八二年）のとき、幸運にもベネディクト派の大修道院、シュポンハイムの聖マーティン修道院に入会して、二年も経たずに二三歳で修道院長に指名された。当時修道院は財政難であったが、彼の尽力で繁栄を極めた。例えばたった四八冊の蔵書を二〇〇〇冊以上に増やしている。そして弟子を取ったが、その一人にアグリッパがいた。

トリテミウスはおそらく歴史家を目指したと思われるが、その歴史書はあまり

ヨハネス・トリテミウス

コルネリウス・アグリッパ

あてにならない。むしろ彼は魔術師で、「自分が行なう魔術の実践は民衆の伝統とは一切関係なく、洗練された数字や知識に基づくものであり、自然内部の数学的な調和の分析に関係するものである」（チャールズ・ウェブスター）と強調した。

3. 薔薇十字団（クリスティン・ローゼンクロイツ〔一三七八－一四八四年〕）

結社の目的は、「完全にして普遍の知識」を得ることである。ここでも「完全・完璧」が登場してくる。思い出してほしい、錬金術の原義とは、「不完全」なものを「完全」なものに変化させることだった。錬金術に関わりのある術師、書物、団体などで、この言葉が共通項だと納得がいく。そして人間や世界の変革を企図する結社であり、それが「秘密」であることが「隠微」な世界を連想させて、錬金術らしさが髣髴とする。

薔薇十字団は一七世紀初頭の四冊の書物によって知られる。この四冊の執筆者や配布者名は、ある程度の予想はついているが、正確には判明していない。

一六一四年：『全世界の普遍的改革』、その付録冊子である『薔薇十字団の伝説』

一六一五年：『薔薇十字団の告白』

一六一六年：『化学の結婚』

『化学の結婚』の著者とされる人物は、ルター派の神学者であり、薔薇十字団の会員でもあったと言われたヴァレンティン・アンドレーエだと言うが、アンドレーエは本書の実際の著者で薔薇十字団の開祖であるローゼンクロイツ本人の変名であり、ローゼンクロイツという筆名で刊行者という立場を取っている。邦訳書に、種村季弘訳・解説『化学の結婚』（紀伊國屋書店、一九九三年）がある。

さてその活動内容だが、

・われわれの活動は無報酬で病人を治療することである（これは「病人＝不完全」を「健康＝完全」にすることと同義）。
・われわれは特別な服装はしない。
・われわれは毎年、「精霊の家」で会合をする。
・同志はそれぞれ後継者を選ぶ。
・R・C・という文字がわれわれの唯一の証印であり、紋章である。

総括すると、いまの赤十字のようでもあり、質素倹約を旨とする団体で、べつに秘密結社としなくてもよいと思えるが、秘密としたところに当時の時代背景がみえてくる。こうした善行や趣旨が社会に

ヴァレンティン・アンドレーエ

「薔薇十字の目に見えない学院」テオフィルス・シュヴァイクハルト画、1628年

ゆきとどいていなかったに違いない。

次にクリスティン・ローゼンクロイツとはどういう人物か、これは言い伝えでしか残っていない。
・一三七八年、没落したドイツ貴族の家に生まれる。幼少期、両親を亡くし、ドイツの修道院で育てられ、ギリシア語・ラテン語を修得する。一六歳のとき東方へ旅に出る。イエメン、モロッコ、エジプト、トルコなどで、一〇年間錬金術を学ぶ。「人間と世界を完全なるものに変革する」と決意するが、これはあくまで抽象的で精神的な意味での変革で、思念としての錬金術であって、実践的ではなかった。
・八名の弟子とともに毎年「精霊の家」で会合を持つ。
・一四八四年、一〇六歳で死去。
・死後、一二〇年後に復活。
「薔薇」の意味するところは、その花が東洋（ペルシア）から西洋へもたらされた、「知恵」の徴の花であるので、東洋の知恵の意味と、「十字」（キリスト教を象徴する西洋の知恵）が合体し、結局のところ薔薇十字団とは「東洋と西洋の知恵の結合」を指す、伝説的象徴団体である。

3

4. ジル・ド・レエ（一四〇五？－四〇年）

南フランスのアンダルシア地方の城館に生まれたこの人物は「青髭伝説」（ペロー（一六二八－一七〇三年）作『童話集』の作中の人。ある男が次々と六人の妻を殺し、七人目の妻の兄に殺される）のモデルとされている。ジャンヌ・ダルク（一四一二－三一年）の保護者にして忠実な騎士である。ジャンヌ・ダルクは周知のように、フランス国内の政治的駆け引きのせいで宗教裁判にかけられ、異端として火刑に処された。彼女を主人公にした映画を観たが、文字の書けない少女が、賛否の意思表示に「十字」を書いて回答としていたことが妙に印象に残っている。

ジル・ド・レエ

さてジル・ド・レエは錬金術の発展に具体的に貢献したわけではなく、金儲けのためにすがったペテン師的錬金術師に騙され、いいように操られて破滅した悲劇的人物とされている。ここに、錬金の「金」の「ゴールド」に「マネー」を夢見た邪《よこしま》な人間像が浮かんでくる。

5．フリーメイソン

大文字で始まるFreemasonの場合、一言で言えば、「相互扶助や友愛を目的とする国際団体の会員」。その会長には時の著名人（政財界、歴代大統領の大半）が充てられている。例えば、モーツァルト、ゲーテ、フェデリーコ（フリードリッヒ）二世、ワシントン、マッカーサーなどがいたと言われている。

フリーメイソンが用いるシンボルの一つ、プロヴィデンス（摂理）の目

Quo modo Deum.
錬金術で用いられるプロヴィデンスの目

小文字の freemason は、「中世の熟練石工《せっこう》組合人」を指す。「石工」であることが重要である。記憶によれば、丸天井の最後の石をどこに打てば工事が無事完了するか、という秘密を知っているのは「石工」だけで、そこから秘密主義的な印象が一般のひとたちに刻印された、という話のようだ。

大文字のほうの組織の主な活動は、会員からの寄付による慈善事業と会員同士の親睦会を実施する相互扶助だが、会員以外には非公開で、そこに秘密主義が感得され、神秘思想の結社とみなされている。薔薇十字団に似ているが、宗教的には非キリスト教の立場を取っている。

錬金術との関わりは、その入会の儀式や会員内での階級制度が、本来的意味で、錬金術の過程を模したものだった点にある。

6. ジョン・ディー（一五二七－一六〇八年）

この人物はエリザベス朝ルネサンス期（一六世紀後半）に活躍した、一種の奇人である。三つの「視座」から分析しうる。

㈠数学者——科学研究の熱烈な提唱者
㈡妖術師——天使を「呼び出せるひと」
㈢宗教的性質を持った、謎の世界的計画——大陸（主にボヘミア）への伝道の旅

ジョン・ディー

つまり、科学的かつオカルト的でありながら、信仰深いキリスト教徒であることを主張した。

これらのほかに、チューダー朝（一四八五－一六〇三年）の宗教改革の支持を表明した。こういったディーは、キリスト教カバラ主義者として、ルネサンスのオカルト的伝統の下で展開された新プラトン主義のなかに潜む「より強力な」哲学を支持していたと認知されている。それは「スコラ哲学」に取って代わる「世界改革」を意味していた。

エリザベス朝ルネサンスの開花は、イタリアでは対抗宗教改革の時期に当たり、盛期イタリアルネサンスより、およそ一〇〇年遅れている。

ディーは宇宙が、自然界・天空界・超天空界に分かれていると判断し、「数学」を宇宙を解く鍵としている（特に、「比例」を重視）。ディーは五六〜七二歳のとき、大陸での伝道をし、ポーランドのクラコワにて神聖ローマ皇帝ルドルフ二世（一五五二－一六一二年）の宮廷で過ごした。ルドルフ二世はスペイン宮廷でイエズス会士に教育されたが、プロテスタントには寛容であって、ボヘミア人に信仰の自由を与えた。

ディーは錬金術とオカルト学に関心を持ち、貴族の宮廷に滞在した。不思議なことに、イタリアには赴いていない。

晩年はいろいろな出来事に遭遇するが、多方面に影響を及ぼして死去した。

4

7. アイザック・ニュートン（一六四二－一七二七年）

最後は、「最後の錬金術師」と呼ばれている、かのアイザック・ニュートンである。結論を先取りしてみると、以下のようになる。

㈠人生の前半：ケンブリッジ大学の数学の教授、与えられた個人の実験室で「錬金術を研究」。

㈡人生の後半：ロンドンで造幣局長官（実務にも長けていた）。

ニュートンの生きた時代は、前近代から近代への過渡期だった。彼は、一七世紀前半のフランスの哲学者デカルト（一五九八－一六五〇年）を祖とする合理主義の感化の下にあった。錬金術にたいしても、合理的精神で臨んだ。合理主義的に実験や検証を重ね、

アイザック・ニュートン

金属変成が実現可能であることを証明しようとした。錬金術に手を染めた、という点では「前近代的」ではあったが、その手法が「近代的」であった。ニュートンは、すべての自然科学の究極の任務は、宇宙創成の謎の解明にあると信じていた。ニュートンの錬金術の目標は、黄金生成で富を得ることではなく、金属の第五元素で第一質料である、「エーテル」を分離・抽出することにあった。これは、彼の物理学上の最大の発見である「万有引力の法則」とも関連する。彼は、物質の内部に存在する「エーテル」が遠方の物質に作用した（物質を引きつけた）結果が引力だ、と推察していた。

経済学者ケインズ（一八八三－一九四六年）は、「ニュートンは理性時代の最初の人物でなく、最後の錬金術師であった」という名言を残している。ケインズがニュートンの錬金術関連の手稿をすべて収集・購入し、精査したうえでの文言である。

だが最も大切なことは、ニュートンの時代の自然観がニュートンを最後の錬金術師にいたらしめた起因とは何か、ということではないだろうか。「魔術師列伝」で探究した「自然魔術」の質的自然観、ガリレイの量的・数学的自然観、そしてデカルトの即物的な機械論的自然観と続くなかで、ニュートンはデカルトの自然観の感化を受けながら、エーテルの存在を放棄することができなかった。

これには上記のように各自然観が円滑に移行していったわけではなくて、もっと紆余曲折した変遷があったと推察される。

「魔術師列伝」で論及した自然魔術と、末期南イタリアの自然魔術師（哲学者）であるテレジオやカンパネッラの自然観から再出発して、ニュートンまでたどり着いた。

そもそも魔術の本質は「能動者《エイジェント》」を「受動者《ペイシェント》」に適用するものである。この考えの一端には、必然的に実験による自然の組み換えがあり、もう一方で、魔術師が自然魔術の効用を充分に使いこなすためには自然の調和に没入しなければならないという含みがあった。自然魔術師は「人為を超えた」操作を行なう能力や「自然が定めたよりも速く」操作する能力があるがゆえに、事情を知らないひとは「奇蹟を起こそうと熱望して悪霊と結託している」と思い込んでしまった。

機械論的自然観の持ち主たちも自然法則に制限され、その範囲内で操作を行なっていたに違いない。つまり「自然に従うことによって自然を制していた」わけだが、彼らは、自然を生き物とみなすことからくる倫理的制約からは自由でありえた。

自然を「生きて、感覚を持ち、人間の行為に反応するとみる」カンパネッラのような有機的世界観の持ち主につきものの環境問題にたいする自己規制は、世界を機械化していく過程で失われていった。機械論的自然観は、魔術的伝統から物質操作の観念を受け継ぎはしたが、そこに含まれていた生命や生命活動を奪い去ってしまった。

テレジオの自然哲学の特徴は、能動力を弁証法的なもの、即ち、対立物（熱と冷）間の葛藤と定義したことにある。これら二つの基本的で能動的な力、熱と冷は太陽と地球、という実体的な衣をまとって現われ、対立物が知覚可能となる。太陽は「至高の熱さ」であり、白さであり、光であり、運動であった。そして地球は「至高の冷たさ」であり、暗さであり、静止であった。これらの力はまた、より弱い形で地球と太陽から出されたあらゆるもののなかに顕現していた。

テレジオの自然思想はカンパネッラの初期の思想形成に大きな影響を与えた。カンパネッラは、大地と植物と金属が感覚や感情を持った生き物であると主張した（『事物の感覚と魔術について』）。太陽と地球が感覚すると論じている。万有は、地球の物質と太陽の作用によって、つまり熱と冷という二つの対立物のせめぎ合いによって生じるとした。これはテレジオも肯定している。このテレジオに従ってカンパネッラは、変異が、能動的な対立物同士の相克によって起こると信じた。

以上、チャールズ・ウェブスター著『パラケルススからニュートンへ』と、キャロリン・

マーチャント著『自然の死』より適宜引用した。

ところでカンパネッラ著『事物の感覚と魔術について』(一六二〇年刊行)第二巻第三一章に以下の記述がある(拙訳)。

聖アウグスティヌスは対蹠地を否定したので、ラクタンティウスもその他の著述家もそうで、目下クリストフォロ・コロンボの感覚はこうした道理を修正して、それらの所見が空しいことだと示した。感覚できない事物に関してどれほどの議論が哲学者たちによってなされてきたことか。……知的議論というものは感覚と非なるもので、感覚は感覚固有なもので未知なるものを知る経験にほかならない。しかし騙されることも多い。というのも『すべて類似しているものは、類縁関係において必要不可欠であるのでなく、なべて遠い関係にあるからである』。

引用文中の末尾の『 』は私が付したものだが、換言すれば、類似しているものはその類似(類縁)の関係で結び合っているのでなく、双方が遠くに存在しているからだ、と読める。この遠くにあっても相互の存在を規定し合っているものの力の要因が、ニュートンが求めた「エーテル」ではないだろうか。カンパネッラの記述は素朴だが、汎感覚主義者だった彼には、何か感ずるものがあったかもしれない。

おわりに

本書は二〇二一年五月から二〇二二年一〇月まで、一ヶ月二回にわたって一章分を分けて、「WEB『太陽』」に連載したのを書籍化したものである。ネット上での連載など初めての経験で戸惑いも多かった。まずヨコ書きが苦手だった。やはりタテがよい。

その代わり、本書では一色だが、連載中はカラーで図や肖像画、それに地図が示されて、ありがたかった。前半も後半も私の得意分野だったので、執筆の速度がはやすぎて、担当の長島次郎氏にご負担をおかけした。この場を借りてお許しを乞い、寄り添っての編集作業に感謝の意を表したい。ありがとうございました。

二〇二三年正月

北摂にて

澤井繁男

参考文献

魔術師列伝

アメリコ・カストロ著、本田誠二訳『歴史のなかのスペイン』水声社、二〇二〇年
清水純一著、近藤恒一編『ルネサンス 人と思想』平凡社、一九九四年
ジクリト・フンケ著、高尾利数訳『新装版 アラビア文化の遺産』みすず書房、二〇〇三年
柏木治（フランス文学者）、*Personal Communication*、二〇二一年五月一二日
伊東俊太郎『十二世紀ルネサンス 西欧世界へのアラビア文明の影響』岩波書店、一九九三年
井上浩一『生き残った帝国ビザンティン』講談社学術文庫、二〇〇八年
チャールズ・ホーマー・ハスキンズ著、別宮貞徳・朝倉文市訳『十二世紀ルネサンス〈新装版〉』みすず書房、一九九七年（『十二世紀のルネサンス ヨーロッパの目覚め』講談社学術文庫、二〇一七年）
リヒアルト・ハルダー著、松本仁助訳『ギリシアの文化』北斗出版、一九八五年
澤井繁男『イタリア・ルネサンス』講談社現代新書、二〇〇一年
澤井繁男『ルネサンス再入門』平凡社新書、二〇一七年
スティーヴン・グリーンブラット著、河野純治訳『一四一七年、その一冊がすべてを変えた』柏書房、二〇一二年
安房節雄（数学教育者）Personal Communication, 二〇二一年一〇月二七日
ジェローラモ・カルダーノ著、清瀬卓・澤井繁男訳『カルダーノ自伝 ルネサンス万能人の生涯』平凡社ライブラリー、一九九五年
澤井繁男『自然魔術師たちの饗宴 ルネサンス・人文主義・宗教改革の諸相』春秋社、二〇一八年
村瀬篤（数学者）、*Personal Communication*、二〇二一年八月二一日
Gerolamo Cardano, *The Great Art or The Rules of Algebra*, translated and edited by T.Richard Witmer, with a Foreword by Oysten Ore, London, 1968. p. 222

ブルーノ・ナルディ、*La fine dellaverroismo, in "pensée humaniste et tradition chrétienne aux XVeme et XVIeme siécle"*
清水純一「パドヴァ学派論攷――アヴェロイズムの発展とポムポナッツィ」『イタリア学会誌』六巻、一九五七年
清水純一著、近藤恒一編『ルネサンス 人と思想』平凡社、一九九四年
澤井繁男『カンパネッラの企て――神が孵化するとき』新曜社、二〇二一年
Luigi De Franco, *Introduzione a Bernardino Telesio*, Rubbettino Editore, 1995
八耳俊文「川本幸民の足跡をたどる――蘭学の伝統」NPO法人歴史文化財ネットワークさんだ、二〇一一年
福沢諭吉著、永井道雄責任編集『日本の名著33 福沢諭吉』中央公論社、一九八四年
ジャンバッティスタ・デッラ・ポルタ著、澤井繁男訳『自然魔術』青土社、一九九〇年（『自然魔術』講談社学術文庫、二〇一七年）
ジャンバッティスタ・デッラ・ポルタ著、澤井繁男訳『自然魔術 人体篇』青土社、一九九六年
岡本源太『ジョルダーノ・ブルーノの哲学 生の多様性へ』月曜社、二〇一二年
清水純一『ジョルダーノ・ブルーノの研究』創文社、一九七〇年
清水純一『ルネサンスの偉大と頽廃 ブルーノの生涯と思想』岩波新書、一九七二年
ジョルダーノ・ブルーノ著、清水純一訳『無限、宇宙および諸世界について』岩波文庫、一九八二年
ジョルダーノ・ブルーノ著、岡本源太抄訳「紐帯一般について」池上俊一監修『原典 イタリア・ルネサンス芸術論』上巻、名古屋大学出版会、二〇二一年
ヌッチョ・オルティネ著、加藤守通訳『ロバのカバラ ジョルダーノ・ブルーノの文学と哲学』東信堂、二〇〇二年
フランセス・イエイツ著、前野佳彦訳『ジョルダーノ・ブルーノとヘルメス教の伝統』工作舎、二〇一〇年
カンパネッラ著、近藤恒一訳『太陽の都』岩波文庫、一九九二年
澤井繁男『評伝 カンパネッラ』人文書院、二〇一五年
LA CITTA DEL SOLE, *in BRUNO e CAMPANELLA*, a cura di LUIGI FIRPO, CLASSICI U. T. E. T, 1949
カンパネッラ著、澤井繁男訳『事物の感覚と魔術について』国書刊行会、二〇二二年
池上俊一監修『原典 ルネサンス自然学』上巻、名古屋大学出版会、二〇一七年
カンパネッラ著、澤井繁男訳『ガリレオの弁明』工作舎、一九九一年（ちくま学芸文庫、二〇〇二年）
カンパネッラ著、澤井繁男訳『哲学詩集』水声社、二〇二〇年

澤井繁男『魔術の復権 イタリア・ルネサンスの陰と陽』人文書院、一九八九年
澤井繁男『魔術と錬金術』筑摩書房、二〇〇〇年
荒井献・柴田有共訳『ヘルメス文書』朝日出版社、一九八〇年
ファーガソン、パノフスキーほか著、澤井繁男訳『ルネサンス 六つの論考』国文社、二〇一三年
田中美知太郎責任編集『世界の名著・続2 プロティノス ポルピュリオス プロクロス』中央公論社、一九七六年

錬金術師列伝

坂本賢三『科学思想史』岩波書店、一九八四年
クリエイティブ・スィート編著、澤井繁男監修『「錬金術」がよくわかる本』PHP文庫、二〇〇八年
澤井繁男『ルネサンス再入門』平凡社新書、二〇一七年
ジャンバッティスタ・デッラ・ポルタ著、澤井繁男訳『自然魔術』講談社学術文庫、二〇一七年
荒井献・柴田有共訳『ヘルメス文書』朝日出版社、一九八〇年
キャロリン・マーチャント著、団まりなほか訳『自然の死』工作舎、一九八五年
カール・グスタフ・ユング著、池田紘一・鎌田道生訳『心理学と錬金術』I・II巻、人文書院、一九七六年
澤井繁男監修『アニメ・コミックから読み解く錬金術』宝島社、二〇〇四年
澤井繁男『自然魔術師たちの饗宴 ルネサンス・人文主義・宗教改革の諸相』春秋社、二〇一八年
パラケルスス著、大槻真一郎・澤元亙訳『奇蹟の医の糧』工作舎、二〇〇四年
村上陽一郎編『知の革命史6 医学思想と人間』朝倉書店、一九七九年
チャールズ・ウェブスター著、神山義茂・織田紳也訳金子務監訳『パラケルススからニュートンへ』平凡社、一九九九年

澤井繁男（さわい・しげお）

一九五四年札幌市生まれ。札幌南高等学校から東京外国語大学を経て、京都大学大学院博士課程単位取得満期退学。東京外国語大学論文博士（学術）。元関西大学文学部教授。

専門はイタリア・ルネサンス文学文化論。作家・文芸批評家としても活躍。著書に『カンパネッラの企て』（新曜社）、『イタリア・ルネサンス』（講談社現代新書）、『ルネサンス』（岩波ジュニア新書）など多数。創作集に『澤井繁男小説・評論集』（平凡社）、『若きマキアヴェリ』（東京新聞）、『復帰の日』（作品社）など多数。翻訳に『ルネサンス文化史』（ガレン、平凡社）、『ルネサンスの秋』（バウズマ、みすず書房）、『哲学詩集』（カンパネッラ、水声社、二〇二〇年度日本翻訳家協会翻訳特別賞受賞）など多数。

魔術師列伝

魔術師 G. デッラ・ポルタから錬金術師ニュートンまで

2023年3月15日　初版第1刷発行

著　者　澤井繁男

発行者　下中美都

発行所　株式会社平凡社
〒101-0051　東京都千代田区神田神保町3-29
電話　03-3230-6582（編集）
　　　03-3230-6573（営業）

装丁者　松田行正＋杉本聖士

印　刷　株式会社東京印書館

製　本　大口製本印刷株式会社

落丁・乱丁本のお取替えは小社読者サービス係までお送りください（送料小社負担）

平凡社ホームページ https://www.heibonsha.co.jp/

ISBN978-4-582-70367-2